国家中等职业教育改革发展示范校课程改革成果系列教材
天津市中等职业学校布局结构调整与基础能力建设项目

成本岗位核算

刘国艳　林　宏　主编

科学出版社
北　京

内容简介

本书突出岗位特点和实务训练，编排标新立意，本着既要分项训练又要综合提高的原则，按照成本核算一般程序，设计了成本会计核算的认知、生产费用的核算、生产费用在完工产品和在产品之间的分配、产品成本的计算四个模块，每个模块又分别设计了训练任务及配套的活动内容，旨在促使学生提高岗位适应性和综合素质。

本书呈现形式浅显易懂，适合教师课堂教授使用，也适合不同层次人员自学使用。

图书在版编目（CIP）数据

成本岗位核算/刘国艳，林宏主编．—北京：科学出版社，2015
（国家中等职业教育改革发展示范校课程改革成果系列教材）
ISBN 978-7-03-042852-3

I. ①成… Ⅱ. ①刘…②林… III. ①成本计算-中等专业学校-教材 IV. ①F231.2

中国版本图书馆 CIP 数据核字（2014）第 304381 号

责任编辑：王彦刚　赵　茜/责任校对：柏连海
责任印制：吕春珉/封面设计：东方人华平面设计部

科学出版社 出版
北京东黄城根北街 16 号
邮政编码：100717
http://www.sciencep.com
北京中科印刷有限公司 印刷
科学出版社发行　各地新华书店经销
*
2014 年 12 月第 一 版　开本：787×1092　1/16
2020 年 7 月第三次印刷　印张：8 1/2
字数：166 000

定价：28.00 元

（如有印装质量问题，我社负责调换〈中科〉）
销售部电话 010-62142126　编辑部电话 010-62135397-2016

前　言

成本岗位核算是会计专业的核心课程之一，成本计算又是会计核算工作的中心环节。本书内容突出成本会计岗位工作流程，重点培养学生的岗位能力，强调实践性和应用性，因此在编写本书的过程中，注重理论和实践在内容上的相互交叉，使其内容系统而又条理分明。本书特点如下。

1）编写体例突破传统教材模式，把课程改革的理念贯穿于全书始终。本书归纳了企业成本核算典型工作内容，对应工作内容设计了典型工作任务，力求增强内容的实用性和针对性，实现理论与实践的统一、原理与技能的统一，显性知识、能力与隐性知识、能力的统一。

2）写作方法注重实务，学做结合。本书分为四个模块，每个模块之间存在着逻辑关系。模块 1 成本会计核算的认知，主要介绍了成本会计人员必备的成本岗位知识；模块 2 生产费用的核算、模块 3 生产费用在完工产品和在产品之间的分配，为进行成本核算的必备环节；模块 4 产品成本的计算，把前三个模块串联起来并有所拓展，以开阔学生的思路。全书体现“学中做，做中学”的教学理念，快速培养学生的实际账务处理能力。

本书由天津市第一商业学校刘国艳、林宏任主编，隋京参编。模块 1 由隋京编写，模块 2 和模块 3 由刘国艳编写，模块 4 由林宏、刘国艳编写。

由于作者水平有限，书中难免存在不妥之处，恳请各位专家、同行给予批评和指正。

前言

目　　录

模块 1　成本会计核算的认知

模块 2　生产费用的核算

模块 3　生产费用在完工产品和在产品之间的分配

模块 4　产品成本的计算

模块1

成本会计核算的认知

工业企业生产经营活动分为供应、生产、销售三大环节，其中生产环节为组织产品生产所发生的直接材料、直接人工和制造费用，按产品对象形成产品生产成本，即制造成本。产品制造成本核算的准确性，直接影响到产品销售成本结转的正确性，进而影响当期的会计利润和应纳税所得额。成本岗位核算的主要任务就是核算产品的成本。

项目1　成本会计核算岗位的认知

项目2　产品成本核算的认知

项目 1 成本会计核算岗位的认知

项目目标

1. 了解成本的概念和成本会计的概念。
2. 理解成本会计的对象；理解成本会计的职能；理解成本会计工作的组织。
3. 掌握“成本”、“费用”两个概念之间的内在联系。

任务 1.1 认识成本会计

任务描述

通过对成本会计的概念和职能等相关知识的学习，了解成本会计在企业中的实际应用。

知识准备

一、成本会计的概念

（一）成本的概念

成本是商品价值的组成部分，由所消耗的生产资料的转移价值和劳动者的必要劳动创造的价值组成。成本主要表现在以下几方面。

1）在实际工作中，生产经营成本的构成和范围由国家通过有关法规制度来界定。为了促使企业加强经济核算、节约资源耗费、减少生产损失，必须严格控制成本，否则，成本的计算就失去了理论依据。

2）生产经营中企业所发生的全部耗费是否计入成本取决于成本核算制度。例如，按照我国现行会计制度的规定，工业企业应采用制造成本法计算产品成本，因此企业生产经营中所发生的全部劳动耗费就相应地分为产品制造成本和期间费用两大部分。在这里，产品制造成本是指为制造产品而发生的各种费用总和，包括原材料费用、生产工人工资及福利费用和全部制造费用；期间费用则包括管理费用、销售费用和财务费用，在制造成本法下，期间费用不计入产品成本，而是直接计入当期损益。

3）随着商品经济的不断发展，成本概念的内涵与外延也在不断发展。例如，西方国家将成本定义为为了一定目的而支付的或应支付的用货币测定的价值牺牲。该定义使成本的外延远远超出了产品成本概念的范围，包含了产品成本以外的各种成本，如劳务成本、开发成本、质量成本、资金成本等。

（二）成本会计的概念

成本会计是运用财务会计方法，主要研究物质生产部门为制造产品而发生的产品的生产成本，以及企业在生产经营过程中进行日常管理、销售产品和筹集资金等所发生的各种期间费用。

根据成本的概念，成本会计的主体应当是企业，各种类型的企业都应有成本会计。成本会计的基本方法和原则适用于商品流通企业、施工企业、交通运输企业等各类企业。

成本会计的核心是成本计算，成本计算实际上是一个全方位的并不只限于产品成本的计算，如采购成本计算、车间成本计算等。在我国，成本计算和成本会计工作要根据国家统一规定的成本管理法规进行。

（三）成本会计的对象

成本会计是以成本费用为对象的一种专业会计。

按照工业企业会计制度的有关规定，工业企业成本会计的对象可以概括为工业企业生产经营过程中发生的产品生产经营成本和期间费用。

商品流通企业、施工企业、交通运输企业等企业生产经营各有其特点，按照现行企业会计制度的有关规定，从总体上看，可以把成本会计的对象概括为企业生产经营过程中发生的生产经营业务成本和期间费用。

二、成本会计的职能

成本会计的职能是指成本会计在企业的经营管理中所具有的客观功能。成本会计的基本职能是成本核算和成本监督。随着经济的发展，成本会计的职能也随之扩大，现代成本会计的职能包括以下七个方面。

1. 成本预测

成本预测是指事前根据与成本有关的各种数据、资料及可能发生的发展变化和将要采取的各种措施，运用一定的专门方法，对未来的成本水平及其变化趋势做出的科学的推测和估计。成本预测可以为成本决策、成本计划和成本控制提供及时、有用的信息和依据，从而减少生产经营管理的盲目性，提高成本管理的科学性和预见性。

2. 成本决策

成本决策是指以成本预测方案为基础，结合其他有关资料，在备选的预测方案中选择最优方案的过程，以确定目标成本。成本决策的结果为编制成本计划提供了资料。

3. 成本计划

成本计划是指根据成本决策方案所确定的目标成本，将决策方案具体化，提出计划期内所应达到的具体目标和水平，并提出相应实施措施的一种管理活动。成本计划是企业进行成本控制、成本考核和成本分析的依据。

4. 成本控制

成本控制是依据成本计划，对成本计划实施过程中的各项因素进行控制和监督，以保证成本计划得以实施的一种管理活动。通过成本控制可以保证计划和目标的实现，并为成本核算提供真实可靠的成本资料。成本控制包括事前控制和事中控制。

5. 成本核算

成本核算是指对生产经营过程中实际发生的成本和费用进行归集和分配，并进行相应的成本会计账务处理，最终计算出各种产品成本和各项期间费用。

成本核算一般是对成本计划执行结果的事后反映。为了加强成本的事中控制，及时地进行成本的事中分析，有条件的企业还应在各项成本、费用发生的当时，就计算实际成本、费用脱离定额或计划的差异，进行成本、费用差异的事中核算，及时地为事中控制和事中分析提供信息。

6. 成本分析

成本分析是指采用专门的分析方法，利用成本核算资料与本期成本计划、上年同期实际成本、国内外同类产品先进成本水平进行比较，揭示产品成本的差异，分析产生差异的原因，以便提出改进措施、改善成本管理、降低成本耗费、提高经济效益的一种管理活动。

7. 成本考核

成本考核是指在成本分析的基础上，定期对成本计划及其他有关指标的实际完成情况进行总结和评价。为了实行成本的计划管理、落实成本管理的经济责任制，企业内部应逐级对下属单位或个人的责任成本指标的完成情况进行考核。

成本会计的七项职能是相互联系的有机整体。其中，成本核算是最基本的职能。若没有成本核算，成本的预测、决策、计划、控制、分析和考核都无法进行。成本会计的其他职能，是在成本核算的基础上，随着企业经营管理对成本会计要求的提高和管理科学的发展，随着成本会计与管理科学相结合，而逐步发展形成的。

任务实施

天津华普电器有限公司是一家制造企业，公司主要生产空调和冰箱两种产品。据此分析天津华普电器有限公司的成本核算对象和成本费用构成。

【分析】 天津华普电器有限公司是一家制造企业，其成本核算对象应为其在生产经营过程中发生的产品生产经营成本和期间费用。生产经营成本包括原材料费用、生产工人工资和制造费用，均计入产品成本。期间费用包括管理费用、销售费用和财务费用，均计入当期损益。

任务 1.2 成本会计核算岗位的设置

任务描述

通过对成本会计工作组织的学习，了解如何结合企业的实际情况，设置成本工作岗位。

知识准备

一、成本会计工作的组织

为了充分发挥成本会计的作用、圆满完成成本会计任务，企业必须科学地组织成本会计工作。企业应根据本单位生产经营的特点、规模的大小和成本管理的要求等具体情况来组织成本会计工作。

（一）成本会计机构

成本会计机构是从事成本会计工作的职能部门，是企业会计机构的组成部分。通常应根据企业规模大小和生产经营特点，设置若干层次的专业成本会计工作机构。一般大中型企业应在专设的会计部门单独设置成本会计机构，专门从事成本会计工作；规模小、会计人员不多的企业，可以在会计部门中指定专人负责成本会计工作。另外，企业的有关职能部门和生产车间，也应根据工作需要设置成本会计组或者配备专职（或兼职）的成本会计人员。

企业内部各级成本会计工作机构之间的分工，有集中工作方式和非集中工作方式两种。

1. 集中工作方式

成本会计集中工作方式，是指成本核算、成本报表的编制与分析等成本会计工作主要由厂部成本会计机构集中进行，车间班组等单位只负责登记有关原始记录和填制有关原始凭证，并对其进行初步的审理、整理和汇总，为厂部的进一步工作提供资料。

集中工作方式的优点：便于厂部成本会计机构及时地掌握整个企业与成本有关的全面信息；便于集中使用计算机进行成本数据处理；可以减少成本会计机构的层次和成本会计人员的数量。但集中工作方式不便于直接从事生产经营活动的各单位和职工及时掌握本单位的成本信息，从而不利于成本的及时控制和责任成本制的推行。

2. 非集中工作方式

非集中工作方式又称为分散方式，是指将成本会计工作分散，由厂级以下的成本会计机构或人员分别进行工作。成本考核工作由上一级成本会计机构对下一级成本会计机构逐级进行。厂部成本会计机构负责汇总核算、对下级成本会计机构或人员进行业务上的指导和监督。成本的预测和决策工作一般仍由厂部成本会计机构集中进行。

非集中工作方式的利弊与集中工作方式的利弊正好相反。大中型企业由于规模较大、组织结构复杂、会计人员数量多，一般应采用非集中工作方式；小型企业为了提高成本会计的工作效率、降低成本管理费用，则一般应采用集中工作方式。

（二）成本会计人员配置

成本会计人员素质的高低直接影响成本会计工作的质量好坏。企业无论采用何种成本会计工作方式，都要注意合理配置成本会计人员，做到配齐、胜任。配置的成本会计人员应当具备较为全面的会计知识，掌握一定的生产技术和经营管理方面的知识，热爱会计工作、刻苦钻研业务、遵守职业道德、做好成本核算、参与成本管理，能够出色地完成任务。

（三）成本会计法规与制度

成本会计制度是会计法规和制度的重要组成部分，是成本会计机构和人员从事成本会计工作的规范。企业应遵循国家有关法律、法规、制度（如《中华人民共和国会计法》、《企业财务通则》、《企业会计准则》、《企业会计制度》等）的有关规定，并适应企业生产经营的特点和管理的要求，制定企业内部的成本会计制度，作为企业进行成本会计工作具体和直接的依据。

各类型企业由于生产经营的特点和管理的要求不同，因此所制定的成本会计制度也有所不同。企业内部的成本会计制度一般包括以下内容。

1）成本会计工作的组织形式、人员分工和职责权限。

2）成本定额、成本计划和费用预算的编制方法。

3）成本核算的具体规定，包括成本计算对象的确定、成本计算方法的选择、成本项目的设置、生产费用的归集和分配方法、产品成本的确认方法、成本核算基础工作的要求等。

4）成本预测、成本决策、成本考核和成本分析制度。

5）成本报表制度，包括成本报表的种类、格式、指标体系、编制方法、编制期限、报送对象等。

成本会计制度一经确定，就应认真贯彻执行。但随着时间的推移，实际情况往往会发生变化，这时应根据实际情况，对成本会计制度进行相应的修订和完善，以保证成本会计制度的科学性和先进性。

任务实施

天津华普电器有限公司资产总额为2000万元，公司员工100人，年销售收入1000万元。设有行政管理部门、销售部门、采购部门、财务部门和生产车间5个部门。据此分析天津华普电器有限公司的企业性质和应该采用的成本核算方式。

【分析】 根据大中小型企业划分标准可知，天津华普电器有限公司属于小型制造企业，为了提高成本会计的工作效率、降低成本管理费用，成本核算宜采用集中工作方式。为了保障成本核算质量，方便公司成本管理，公司应设置专门的成本核算岗位，配备专职的成本核算会计。

项 目 测 试

一、简答题

1. 简述成本及成本会计的概念。
2. 简述成本会计的对象。
3. 简述成本会计的职能。
4. 简述在集中工作方式和非集中工作方式下，企业内部各级成本会计机构的组织分工。
5. 工业企业成本会计制度一般应包括哪些内容？

二、判断题

1. 成本会计的最基本职能是成本核算。 （ ）
2. 成本会计是以成本费用为对象的一种专业会计。 （ ）
3. 任何不构成产品价值的支出都不能计入产品成本。 （ ）
4. 分散核算成本考核由上一级成本会计机构对下一级成本会计机构逐级进行。 （ ）

三、选择题

1. 下列属于成本会计工作的职能有（ ）。

   A. 成本核算　　B. 成本预测

   C. 成本决策　　D. 成本计划

2. 下列项目中不属于生产成本项目的有（ ）。

   A. 生产产品消耗的材料　　B. 生产人员工资

   C. 行政人员工资　　D. 车间管理人员工资

3. 集中核算的优点有（ ）。

   A. 有利于管理层及时全面地掌握成本会计的各种信息

   B. 便于使用计算机集中进行成本数据处理

C. 减少成本会计机构设置的层次和成本会计人员的数量

D. 让直接从事生产经营的部门及时掌握成本信息

4. 成本会计的最基本的职能是（　　）。

A. 成本核算　　B. 成本分析

C. 成本决策　　D. 成本计划

项目 2 产品成本核算的认知

项目目标

1. 了解成本核算的基本原则和要求，掌握各种费用界限的划分。
2. 理解成本核算的一般程序。
3. 掌握成本核算账户的设置及账务处理程序。

任务 2.1　认识产品成本核算要求

任务描述

通过对产品成本核算要求的学习，能够分析企业产品成本核算如何满足成本核算要求。

知识准备

产品成本核算资料是企业生产经营管理的重要信息资料。企业要保证产品成本核算资料真实、合法、合规，就必须按照国家有关法律、法规、制度的规定，按照成本核算的要求组织产品生产。产品成本核算的要求如下。

一、做好成本核算的各项基础工作

为了正确计算产品成本、保证成本核算提供的信息质量，企业应做好成本核算的基础工作。产品成本核算的基础工作主要有以下几个方面。

1）做好定额的制定和修订工作。企业应根据当前的设备条件、技术水平，充分考虑职工的积极因素，凡能制定定额的各项耗费，都应制定定额。先进可行的消耗定额是对产品成本进行预测、控制、考核的依据。随着生产的发展、技术的进步、劳动生产率的提高，消耗定额还应不断修订，以保证定额的先进可行，充分发挥其在控制生产耗费与加强管理上的积极作用。

2）完善物资的计量、验收、领退和盘存制度。企业中各种材料物资及半成品、产成品的验收、领退都应进行准确的计量，填制相应的凭证，并据以进行会计核算。企业一方面要配备各种必要的计量器具，并经常对其进行校正和维修；另一方面应建立健全各种存货验收、领退手续和制度，明确责任分工，以保证成本核算的正确性。仓库、车

间、班组内的物资应按规定进行定期和不定期地清查盘点，以防丢失、变质和被贪污、盗窃。

3）建立健全各种原始记录。企业生产经营过程中原材料、燃料、动力、工时的消耗，费用的开支，在产品、自制半成品在企业内部的转移及产成品的验收和发出，都必须建立原始记录和凭证，并及时登记，还要确定凭证的合理传递程序，为正确计算产品成本提供可靠的资料。

原始记录的内容一般包括：反映产品产量和质量的记录，即生产记录；反映劳动消耗的记录，即工时记录；反映物资消耗的记录；反映产品入库和发出的记录；其他有关原始记录。各种原始记录的填写，应做到全面、准确、书写清楚、签署齐全，并按规定的程序依次传递、审核、登记入账。

4）制定和修订企业内部结算价格。内部结算价格是指企业内部各单位之间在生产经营过程中相互提供的材料、产品、劳务等进行结算时所采用的计价标准。例如，供应部门向各生产车间、在建工程等供应材料，机修车间、运输部门向各生产车间、管理部门提供辅助产品或劳务，采用分步法结转半成品成本，上一加工步骤将生产的自制半成品转移到下一加工步骤继续加工时等都须进行价格结算。

5）建立健全成本会计人员的岗位责任制。企业应根据生产经营特点和管理要求，建立健全成本会计人员岗位责任制，使其明确职责权限，做到人人有专责、事事有人管、以岗定责、以责定权、赏罚分明，而且相互之间密切配合。

二、算管结合，算为管用

算管结合，就是指成本核算应当与加强企业经营管理相结合；算为管用是指成本核算要从管理的要求出发，所提供的成本信息应当满足企业经营管理和决策的需要。因此，成本核算不仅要提供事后的成本信息，而且必须以国家法律、行政法规、国家统一的会计制度、企业成本计划和相应的消耗定额为依据，加强对各项生产费用和期间费用的事前、事中的审核和控制。

为了满足企业经营管理和决策的需要，还应借鉴西方的一些成本概念和成本计算方法，为不同的管理目的提供不同的管理成本信息。

三、正确划分各种费用界限

为了正确地进行成本核算、计算产品成本和期间费用，必须正确划分以下四个方面的费用界限。

1）正确划分应否计入生产费用或期间费用的界限。企业的经济活动是多方面的，费用的用途也是多种多样的，不同用途的费用，其列支的项目也不一样。例如，凡是用于产品生产和销售、用于组织和管理生产经营活动及为筹集生产经营资金所发生的各种支出，都应作为企业日常生产经营管理活动中发生的费用，计入产品成本和期间费用。凡不属于企业日常生产经营管理活动中的支出，如企业为取得固定资产、无形资产发生的与几个会计年度相关的支出，都应作为资本性支出，然后再通过一定的方式转入或摊入各期的成本费用。与企业生产经营活动无直接联系的各项支出，包括固定资产的盘盈盘亏、固定资产报废清理的净损失、非常损失、赔偿金、违约金等应计入营业外支出，直接调整企业的利润总额。因此，哪些费用应该计入生产费用或期间费用，哪些不能，都应严格执行国家规定的成本开支范围。如果将不应计入生产费用或期间费用的支出计入生产费用或期间费用，或者将应计入生产费用或期间费用的支出计入其他费用，都会影响产品成本、当期损益等的正确性。

2）正确划分生产费用与期间费用的界限。按照现行国家统一的会计制度的规定，工业企业的生产费用是指一定会计期间内为生产产品发生的各种耗费，包括生产产品耗用的直接材料、直接人工和制造费用等。生产费用归集到一定种类和数量的产品上，即形成该种产品的生产成本。期间费用特指管理费用、财务费用和销售费用，直接计入发生当期的损益，而不计入产品生产成本。

例如，职工工资、福利费的核算，应将产品生产工人的工资和福利费计入直接人工费用；将生产车间管理人员和非生产人员的工资和福利费计入制造费用，列入产品生产成本；将企业行政管理部门人员的工资和福利费计入管理费用；将企业负责销售人员及专设销售机构人员的工资和福利费计入销售费用。

生产费用和期间费用具有不同的性质。生产费用形成产品成本，并在产品销售后作为产品销售成本计入当期的损益；而当月投产的产品不一定当月完工，当月完工的产品也不一定当月销售，因此当月的生产费用不一定计入当月损益。本月发生的销售费用、管理费用和财务费用等期间费用，则直接计入当月损益。因此，为了正确计算产品成本和期间费用、正确计算企业各月份的损益，不应在生产费用和期间费用之间任意调节、转移费用。

3）正确划分各种产品的生产费用界限。如果企业生产的产品不止一种，那么，为了正确地计算各种产品的生产成本，必须将应计入本月产品成本的生产费用在各种产品之间正确地进行划分。凡属于某种产品单独发生、能够直接计入该种产品的生产费用，均应直接计入该种产品生产成本；凡属于几种产品共同发生、不能直接计入某种产品的生产费用，则应采用适当的分配方法，分配计入这几种产品的生产成本。

4）正确划分完工产品与月末在产品的生产费用界限。在月末计算产品成本时，如果某种产品已全部完工，那么，该种产品的各项生产费用之和就是该种产品的完工产品成本；如果某种产品均未完工，那么，该种产品的各项生产费用之和就是该种产品的月末在产品成本；如果某种产品既有完工产品，又有在产品，则应将这种产品的各项生产费用，采用适当的分配方法在完工产品与月末在产品之间进行分配，分别计算完工产品成本和月末在产品成本。

上述四个方面费用界限的划分过程即产品生产成本的计算和各项期间费用的归集过程。在这一过程中，应贯彻受益原则，即何者受益何者负担费用，何时受益何时负担费用；负担费用的多少应与受益程度的大小成正比。只有这样，成本计算才有可能比较准确真实。

四、正确确定财产物资的计价和价值结转方法

工业企业的生产经营过程，同时也是各种劳动的耗费过程。在各种劳动耗费中，财产物资的耗费（即生产资料价值的转移）占有相当大的比例。因此，财产物资计价和价值结转方法是否恰当，会对成本计算的正确性产生重要的影响。企业财产物资计价和价值结转方法主要包括固定资产原值的计算方法、折旧方法、折旧率的种类和高低；固定资产与低值易耗品的划分标准；材料成本的组成内容、材料按实际成本进行核算时发出材料单位成本的计算方法、材料按计划成本进行核算时材料成本差异率的种类（个别差异率、分类差异率还是综合差异率，本月差异率还是上月差异率）等；低值易耗品和包装物价值的摊销方法、摊销率的高低及摊销期限的长短等。为了正确地计算成本，对于各种财产物资的计价和价值的结转，应严格执行国家统一的会计制度。各种方法一经确定，应保持相对稳定，不能随意改变，以保证成本信息的可比性。

五、适应生产特点和管理要求，采用适当的成本计算方法

产品生产成本是在生产过程中形成的，产品的生产工艺过程、生产组织和管理要求不同，所采用的产品成本计算方法也应该有所不同。因此，企业只有按照产品生产特点和管理要求，选用适当的成本计算方法，才能正确、及时地计算产品成本，为成本管理提供有用的成本信息。成本计算的基本方法主要包括品种法、分批法、分步法。

任务实施

天津华普电器有限公司 2014 年 1 月份的有关支出情况如下。

1）购买一项非专利技术，支付 6 000 元。

2）预付本年度报刊订阅费 6 000 元。

3）计提本月银行短期借款利息 2 000 元。

4）支付厂部管理人员工资及福利费、办公费、差旅费等 20 000 元。

5）本月支付罚款、滞纳金等 2 000 元。

6）产品销售过程中发生的广告费、展览费、包装费、专设销售机构人员工资、福利费等共计 8 000 元。

7）本月生产空调、冰箱两种产品。其中，空调发生直接费用 64 000 元，冰箱发生直接费用 36 000 元，共计 100 000 元。

8）本月车间一般消耗材料 5 600 元，车间管理人员工资及福利费 3 000 元，车间管理人员办公费等 1 400 元，共计 10 000 元。

9）月末，空调尚有在产品 20 件，其单位在产品成本为 700 元，冰箱全部完工。

10）本月制造费用分配比例为空调 60%，冰箱 40%。

请根据产品成本核算要求计算如下费用。

1）请计算应计入生产费用和期间费用的金额。

2）请计算应计入生产费用的金额；应计入期间费用的金额。

3）请计算应计入空调的生产费用；应计入冰箱成本费用。

4）请计算完工的空调总成本；完工的冰箱总成本。

【分析】 天津华普电器有限公司的成本核算符合产品成本核算要求，该公司采用品种法核算产品成本。

根据天津华普电器有限公司2014年1月份的有关支出情况资料，现分析计算如下。

1）应计入生产费用和期间费用的金额＝6 000＋2 000＋20 000＋8 000＋100 000＋10 000＝146 000（元）

2）应计入生产费用的金额＝100 000＋10 000＝110 000（元）

应计入期间费用的金额＝6 000＋2 000＋20 000＋8 000＝36 000（元）

3）应计入空调生产费用＝64 000＋10 000×60%＝70 000（元）

应计入冰箱成本费用＝36 000＋10 000×40%＝40 000（元）

4）完工的空调总成本＝70 000－20×700＝56 000（元）

完工的冰箱总成本＝40 000（元）

将上述各项费用列表，如表1-1所示。

表1-1　天津华普电器有限公司2014年1月份费用界限划分表

<table>
<tr><td colspan="5">应计入生产费用或期间费用的支出146 000元</td><td>不应计入生产费用或期间费用的支出8 000元</td></tr>
<tr><td colspan="4">应计入生产费用110 000元</td><td>期间费用36 000元</td><td></td></tr>
<tr><td colspan="2">应计入空调成本70 000元</td><td colspan="2">应计入冰箱成本40 000元</td><td></td><td></td></tr>
<tr><td>空调完工产品成本56 000元</td><td>空调月末在产品成本14 000元</td><td>冰箱完工产品成本40 000元</td><td>冰箱月末在产品成本0元</td><td></td><td></td></tr>
</table>

任务2.2　明确成本会计核算程序

任务描述

通过对产品成本核算的一般程序和账户设置的学习，能够对企业的核算程序及账户设置进行分析。

知识准备

一、产品成本核算的一般程序

1. 确定成本计算对象

成本计算对象是生产费用的归集对象和生产耗费的承担者，是计算产品成本的前提。由于企业的生产特点、管理要求、规模大小、管理水平的不同，企业成本的计算对象也不相同。对于工业企业而言，产品成本计算对象包括产品品种、产品批别、产品的生产步骤等。企业应根据自身的生产特点和管理要求，选择合适的产品成本计算对象。

2. 确定成本项目

成本项目是生产费用按照经济用途划分的若干项目，通过成本项目，可以反映成本的经济构成及产品生产过程中不同的资金耗费情况。因此，企业为了满足成本管理的需要，可以在直接材料、直接人工和制造费用三个成本项目的基础上进行必要的调整。

3. 确定成本计算期

成本计算期是指成本计算的间隔期，即多长时间计算一次成本。产品成本计算期的确定，主要取决于企业生产组织的特点。通常在大量、大批生产的情况下，产品成本的计算期与会计期相一致；在单件、小批生产的情况下，产品成本的计算期则与产品的生产周期相一致。

4. 生产费用的审核和控制

对生产费用进行审核和控制，主要是确定各项费用是否应该开支、开支的费用是否应该计入产品成本。

5. 生产费用的归集和分配

生产费用的归集和分配就是将应计入本月产品成本的各种要素费用在各有关产品之间，按照成本项目进行归集和分配。归集和分配的原则：产品生产直接发生的生产费用直接作为产品成本的构成内容，直接计入该产品成本；为产品生产服务发生的间接费用，可先按发生地点和用途进行归集汇总，然后分配计入各受益产品。产品成本计算的过程也就是生产费用的归集和分配过程。

6. 计算完工产品成本和月末在产品成本

对既有完工产品又有月末在产品的产品，应将计入各该产品的生产费用在其完工产品和月末在产品之间采用适当的方法进行分配，以计算完工产品和月末在产品的成本。

二、产品成本核算的账户设置

工业企业为了核算其成本、费用，应该设置的账户一般有“生产成本”、“制造费用”、“管理费用”、“财务费用”、“销售费用”、“废品损失”、“停工损失”等，下面分别加以介绍。

1. “生产成本”总分类账户

为了按产品成本核算的一般程序归集生产费用、计算产品成本，企业一般应设置“生产成本”总分类账户，用以核算企业进行产品生产的各项生产费用。为了分别核算基本生产成本和辅助生产成本，还应在该总账账户下设立“基本生产成本”和“辅助生产成本”两个二级账户，在二级账户下再按一定要求设置明细账户。为了简化会计核算手续，可以将两个二级账户提升为一级账户。

2. “制造费用”账户

为了核算为生产产品和提供劳务而发生的各项间接费用，企业应设置“制造费用”账户。“制造费用”账户的借方登记企业发生的各项制造费用；贷方登记月末分配转入“基本生产成本”账户借方的全部间接费用；期末一般无余额（季节性生产企业除外）。该账户按不同的车间、部门设置明细分类账户，账内按照费用的具体项目设置专栏。

3. “管理费用”账户

为了核算行政管理部门为组织和管理生产经营活动而发生的费用，企业应设置“管理费用”账户。“管理费用”账户的借方登记企业发生的各项管理费用；贷方登记转入“本年利润”账户借方的数额；期末结转后无余额。该账户按费用项目设置多栏式明细账，进行明细核算。

4. “财务费用”账户

为了核算为筹集生产经营所需资金而发生的费用（包括利息支出、汇兑损失及相关的手续费等），企业应设置“财务费用”账户。“财务费用”账户的借方登记企业发生的各项财务费用；贷方登记冲减财务费用的项目及期末转入“本年利润”账户借方的数额；期末结转后无余额。该账户按费用项目设置多栏式明细账，进行明细核算。

5. “销售费用”账户

为了核算在产品销售过程中所发生的各项费用，企业应设置“销售费用”账户，

“销售费用”账户的借方登记实际发生的各项销售费用；贷方登记期末转入“本年利润”账户的销售费用；期末结转后应无余额。该账户按费用项目设置多栏式明细账，

进行明细核算。

6.“废品损失”账户

需要单独核算废品损失的企业，应设置“废品损失”账户。“废品损失”账户的借方登记不可修复废品的生产成本和可修复废品的修复费用；贷方登记废品残料回收的价值、应收的赔款及转出的废品净损失；月末应无余额。该账户按车间设置明细分类账，账内按产品品种分设专户，并按成本项目设置专栏或专行进行明细核算。

7.“停工损失”账户

需要单独核算停工损失的企业，应设置“停工损失”账户。“停工损失”账户借方登记本月发生的各种停工损失；贷方登记分配结转的停工损失；月末一般无余额。该账户按车间设置明细分类账，账内按成本项目设置专栏或专行进行明细核算。

三、产品成本核算的账务处理程序

结合本节所讲述的成本核算的一般程序和成本核算所需设置的主要账户，工业企业成本核算的账务处理程序如下所述。

1）归集和分配各项要素费用。从相关资产（如原材料、累计折旧、银行存款等）和负债（如应付职工薪酬、应付账款等）账户的贷方转入各成本、费用账户的借方。

2）分配辅助生产费用。将归集的辅助生产费用从其账户的贷方转入成本、费用账户的借方。

3）分配制造费用。将归集的制造费用从其账户的贷方转入基本生产成本账户的借方。

4）结转不可修复废品成本。将不可修复的废品成本从“基本生产账户”的贷方转入“废品账失”账户的借方。

5）分配废品损失和停工损失。将废品净损失和停工损失分配计入有关合格品的成本中。

6）结转完工产品（包括自制半成品）成本。将归集的基本生产成本从其账户的贷方转入“库存商品”账户的借方。

7）结转已销产品成本。将已销产品成本由“库存商品”账户的贷方转入“主营业务成本”账户的借方。

任务实施

根据任务 2.1 的任务实施内容，结合本任务所学内容分析天津华普电器有限公司产品成本核算账务处理的基本程序。

【分析】 产品成本核算账务处理的基本程序如图 1-1 所示。

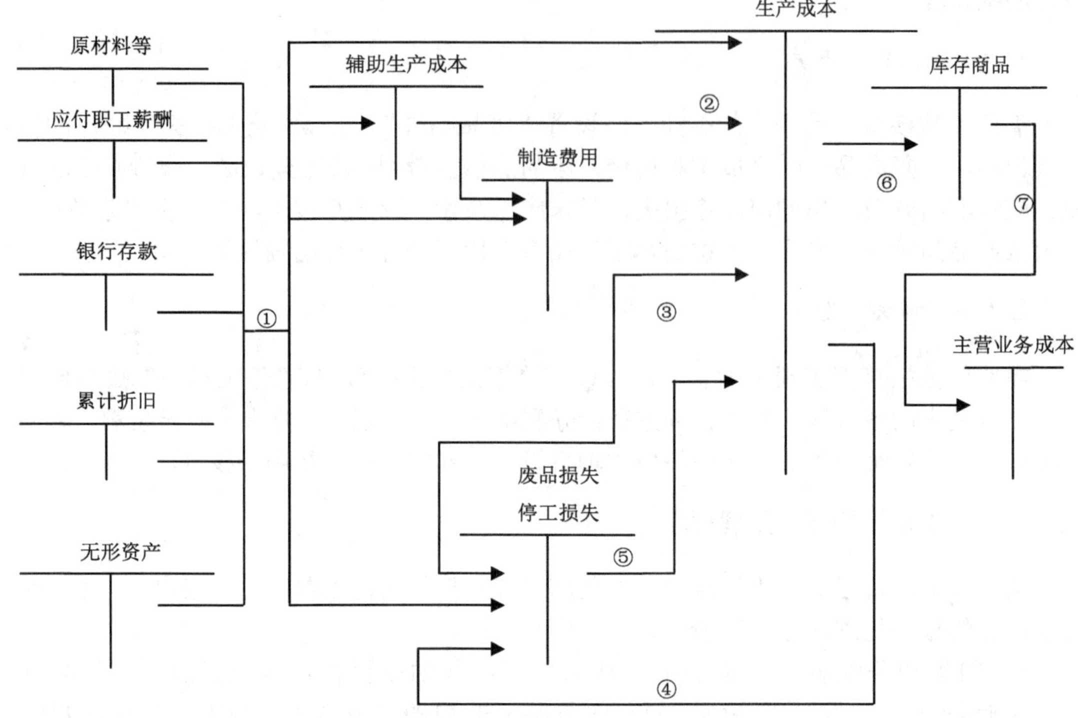

图1-1 产品成本核算账务处理的基本程序

①归集和分配各项要素费用；②分配辅助生产费用；③分配制造费用；④结转不可修复废品成本；⑤分配废品损失和停工损失；⑥结转完工产品（包括自制半成品）成本；⑦结转已销产品成本

项目测试

一、简答题

1. 产品成本核算的基本要求是什么？
2. 工业企业费用如何分类？
3. 简述产品成本核算的一般程序。
4. 产品成本核算应设置哪些主要账户，各反映什么内容？
5. 简述产品成本核算的账务处理程序。

二、判断题

1. 为了尽可能地符合实际情况，厂内价格应该在年度内经常变动。（ ）
2. 凡不应计入产品成本的支出，全部作为营业外支出处理。（ ）
3. 产品成本项目是指工业企业生产费用按其经济内容的分类。（ ）
4. “制造费用”账户属于损益类账户。（ ）

5. 费用要素反映的费用就是成本项目。 （ ）

三、选择题

1. 下列各项中属于费用要素的有（ ）。

A. 外购材料　　B. 外购燃料

C. 提取的职工福利费　　D. 工资

2. 下列各项中属于产品成本项目的有（ ）。

A. 管理费用　　B. 财务费用　　C. 制造费用　　D. 销售费用

3. 基本生产车间领用的直接用于产品生产或有助于产品形成的辅助材料，应借记（ ）账户。

A. 辅助生产成本　　B. 制造费用

C. 基本生产成本　　D. 原材料

4. 下列各项中不应计入成本费用的支出有（ ）。

A. 对外投资的支出

B. 购置无形资产、固定资产的支出

C. 支付的滞纳金、罚款、违约金

D. 专设销售机构人员的工资及福利费

5. 工业企业成本项目包括（ ）。

A. 直接材料　　B. 直接人工　　C. 汇兑损失　　D. 制造费用

模块2 生产费用的核算

工业企业的生产费用多种多样，为了正确合理地组织产品成本和期间费用的计算，企业要对费用进行科学的分类和核算，本模块主要介绍要素费用、辅助生产费用、制造费用的归集和分配。

项目3　核算要素费用

项目4　核算辅助生产费用

项目5　核算制造费用

项目 3 核算要素费用

项目目标

1. 熟练掌握费用的分类。
2. 掌握产品成本各构成要素的核算内容。
3. 掌握产品成本各构成要素归集和分配的方法。
4. 了解各种分配方法的优缺点。

任务 3.1 认识费用

任务描述

通过对费用分类知识的学习，能够在实际中区分企业的费用，对费用进行分类。

知识准备

企业生产经营过程中发生的各种费用可以按照不同的标准进行科学地分类。其中，最基本的是按照生产费用的经济内容和经济用途（即费用要素和成本项目）分类。

一、按费用的经济内容分类

产品的生产经营过程，也是劳动对象、劳动手段和活劳动的耗费过程。因此，费用按其经济内容（或性质）划分，主要有劳动对象方面的费用、劳动手段方面的费用和活劳动方面的费用三大类。为了具体地反映生产经营费用的构成和水平，还应在这三大类的基础上，将费用进一步划分为以下九个费用要素。

1）外购材料。外购材料是指企业耗用的一切从外部购进的原料及主要材料、半成品、辅助材料、包装物、修理用备件和低值易耗品等。

2）外购燃料。外购燃料是指企业耗用的一切从外部购进的各种燃料，包括固体、液体和气体燃料等。

3）外购动力。外购动力是指企业耗用的从外部购进的各种动力，包括电力、热力和蒸汽等。

4）工资。工资是指企业应计入生产经营管理费用的职工工资。

5）职工福利费。职工福利费是指企业按工资一定比例提取出来的专门用于职工医疗、补助以及其他福利事业的经费。

6）折旧费。折旧费是指企业按照规定计算的固定资产折旧费用。

7）利息支出。利息支出是指企业应计入经营管理费用的银行借款利息费减去利息收入后的净额。

8）税金。税金是指企业应计入经营管理费用的各种税金，包括房产税、车船使用税、印花税和土地使用税等。

9）其他费用。其他费用是指不属于以上各种要素的费用，如邮电费、差旅费、租赁费、保险费、劳动保护费等。

按照上述费用要素反映的费用，称为要素费用。按照要素费用核算企业的生产经营费用，可以反映企业在一定时期内发生的生产经营费用、数额，据以分析各个时期各种生产经营费用的结构和水平，并为制订有关的计划和定额等提供资料。但按费用的经济内容分类也有不足之处，即不能说明各种费用的用途，因而不便于分析各种费用的支出是否合理。

二、按费用的经济用途分类

按照经济用途的不同，首先要将费用分为应计入产品成本的费用和不应计入产品成本的费用两大类。在此基础上，对应计入产品成本的费用，需要进一步划分为若干产品成本项目；对不应计入产品成本的费用，需要进一步划分为若干期间费用项目。

1. 产品成本项目

产品成本项目是指对计入产品成本的费用按照经济用途进行分类的具体项目。一般情况下，产品成本项目包括直接材料、直接人工和制造费用三个项目。

1）直接材料。直接材料是指直接用于产品生产、构成产品实体的原料及主要材料或有助于产品形成的辅助材料。直接材料主要包括原料、主要材料、辅助材料、备品配件、外购半成品、燃料、动力、包装物、低值易耗品等材料。

2）直接人工。直接人工是指直接参加产品生产的工人工资及职工福利费。

3）制造费用。制造费用是指直接或间接用于产品生产、但不便于直接计入产品成本，因而没有专设成本项目的费用。制造费用是企业内部各生产单位为组织和管理生产所发生的，主要包括以下费用。

① 间接用于产品生产而没有专设成本项目的费用。如机物料消耗、车间厂房折旧费等。②直接用于产品生产、但不便于直接计入产品成本，因而没有专设成本项目的费用。如机器设备的折旧费等。③为组织管理生产所发生的费用。如车间管理人员工资、办公费等。

以上各成本项目的费用之和，构成产品的生产成本。为了使产品成本项目能够反映企业的生产特点、满足成本管理的要求，各企业可以根据自身的需要，对成本项目做适当的调整。例如，若企业产品成本中直接用于产品生产的外购半成品费用在产品成本中所占比例较大，而且又按产品制定了消耗定额，就可以将“直接材料”中的外购半成品单独列为一个成本项目；燃料和动力费用在产品成本中所占比例很小时，也可以将其分别并入“直接材料”和“制造费用”成本项目中；单独核算废品损失和停工损失的生产单位，也可以单独设置“废品损失”和“停工损失”成本项目。

2. 期间费用项目

按照经济用途，工业企业的期间费用可以分为销售费用、管理费用和财务费用。

1）销售费用。销售费用是指企业在产品销售过程中发生的费用，以及为销售本企业产品而专设的销售机构的各项经费，包括应由企业负担的运输费、装卸费、包装费、保险费、委托代销手续费、广告费、展览费、租赁费和销售服务费，以及专设的销售机构的人员工资及福利费、差旅费、办公费、折旧费、修理费、物料消耗、低值易耗品摊销等。

2）管理费用。管理费用是指企业行政管理部门为组织和管理生产经营活动而发生的各项费用，包括工厂总部管理人员工资及福利费、差旅费、办公费、折旧费、修理费、物料消耗、低值易耗品摊销，以及企业的工会经费、职工教育经费、劳动保险费、待业保险费、董事会费、咨询费、审计费、诉讼费、排污费、绿化费、税金、土地使用费、土地损失补偿费、技术转让费、技术开发费、无形资产摊销、开办费摊销、业务招待费、坏账损失、存货盘亏、毁损和报废等。

3）财务费用。财务费用是指企业为筹集生产经营所需资金而发生的各项费用，包括企业生产经营期间发生的利息费用（减利息收入）、汇兑损失（减汇兑收益）、调剂外汇手续费、金融机构手续费等。

工业企业费用是按经济用途所做的进一步分类，可以清晰地反映出产品生产成本的构成情况，便于考核费用定额或计划的执行情况，便于查找产品成本升降的原因，有利于加强成本管理与成本分析；同时还可以分析费用支出是否合理、节约。

三、费用的其他分类

除按费用的经济内容和经济内容分类外，费用还可以按以下标准分类。

1）按费用计入产品成本的方式分类。这种分类方法将生产费用分成两大类，一类是直接费用，是指不需经过分配就可以根据原始凭证直接计入某产品成本的费用；另一类是间接费用，是指不能直接根据原始凭证而需经分配以后才能计入某产品成本的费用。该分类方法有利于正确计算产品成本。

2）按费用与产量变动关系分类。这种分类方法将生产费用分为固定费用和变动费用两类。固定费用指费用总额不随总产量变动而变动的费用，变动费用则是指费用总额随着总产量变动而成比例变动的费用。该分类方法有利于成本的预测和决策。

任务实施

天津华普电器有限公司本月共耗用外购原材料 40 000 元，辅助材料 20 000 元，低值易耗品 10 000 元，外购半成品 10 000 元。其中，生产耗用外购材料 75 000 元，基本车间消耗材料 5 000 元，本月应计入产品成本的生产工人工资 20 000 元，基本生产车间管理人员工资 3 000 元，行政管理部门人员工资 4 000 元，销售部门人员工资 3 000 元，本月基本生产车间计提折旧费 3 000 元，行政管理部门计提 5 000 元。

请计算如下费用：

1）生产费用要素外购材料、工资、折旧费的金额。

2）产品成本项目直接材料、直接人工、制造费用的金额。

【分析】

1）外购材料金额＝40 000＋20 000＋10 000＋10 000＝80 000（元）

工资的金额＝20 000＋3 000＋4 000＋3 000＝30 000（元）

折旧费的金额＝3 000＋5 000＝8 000（元）

2）直接材料金额＝75 000（元）

直接人工金额＝20 000（元）

制造费用金额＝3 000＋3 000＝6 000（元）

任务 3.2 核算材料费用

任务描述

通过对原材料费用和燃料费用的归集和分配的学习，能够对企业材料费用进行归集和分配。

知识准备

一、原材料费用的归集和分配

（一）原材料费用核算的内容

在生产耗费中，材料的耗费通常占有较大的比例。因此，加强对材料费用的控制与核算，对于正确计算产品成本、节约材料消耗，从而降低产品的成本具有重要作用。

原材料是指企业通过采购或其他方式取得的用于制造产品并构成产品实体的物品，以及取得的供生产耗用但不构成产品主要实体的辅助材料、修理用备件、燃料和外购半成品等。

1）原料及主要材料。原料及主要材料是指经过加工以后能够构成产品主要实体的各种原料和材料，如冶炼用的矿砂、纺织用的原棉、木器制造用的原木和机器制造用的钢材等。其中，采掘工业和农业一般称其为原料，如上述的矿砂、原棉、原木等；加工企业一般称其为材料，如钢材等。

2）辅助材料。辅助材料是指直接用于产品生产，或者有助于产品的形成，或者便于生产顺利进行，但不构成产品主要实体的各种材料，如染料、油漆、润滑油、防锈剂等。

3）外购半成品。外购半成品是指从外购进的需要本企业进一步加工或装配的已经完成一定生产步骤的半成品，如织布用的外购棉纱、汽车制造用的外购轮胎、轧钢用的外购钢锭等。对于购入企业来说，外购半成品同原材料一样都是劳动对象，在继续加工中构成产品的主要实体，因而也可归入原材料及主要材料，不单列一类。

4）燃料。燃料是指在产品生产过程中用来燃烧发热或为创造正常劳动条件所用的各种材料，包括固体、液体和气体燃料，如煤、汽油和天然气等。

5）动力。动力是指在生产过程中耗用的电力、热力、蒸汽等。

6）包装物。包装物是指为包装本企业产品，并准备随同产品一起出售及在销售过程中出租或出借给购货单位使用的各种包装物品，如箱、桶、瓶、坛等。对于各种包装用的材料（如纸张、绳、铁丝等）不属于此类，应属于辅助材料一类。

（二）原材料费用的归集

企业在生产经营活动中所耗用的原材料有不同的用途，有的用于产品生产，有的用于组织和管理生产。通常，原材料费用是按照耗用材料的部门、用途及受益对象来归集的。具体来说，基本生产车间用于产品生产的材料费用由各种产品负担，应记入“基本生产成本”总账账户及其明细账中的有关成本项目；基本生产车间用于一般管理所耗费的材料费用（如维护设备），应记入“制造费用”账户；辅助生产车间发生的用于辅助生产的材料费用，应记入“辅助生产成本”总账账户及明细账中的有关成本项目；辅助生产车间发生的用于维护设备等的各种材料费用，应记入“制造费用”账户；若辅助生产车间发生费用较少时，也可不设“制造费用”账户，而直接记入“辅助生产成本”账户；企业行政管理部门为组织和管理生产发生的材料费用，应记入“管理费用”账户；企业用于产品销售所耗费的材料费用，应记入“营业费用”账户。综上所述，原材料费用的归集是按照谁受益谁负担的原则进行的。

（三）原材料费用的分配

1. 直接耗用材料费用的分配

企业在生产过程中领用的原材料，凡能根据领料凭证直接确定其被某一种产品耗用的，可在月末直接根据领料凭证汇总表编制“发料凭证汇总表”，如表2-1所示，并据以登记有关生产成本账户及其所属明细账的“直接材料”成本项目。

2. 共同耗用材料费用的分配

如果企业生产领用的材料是由若干种产品共同耗用的，而且在领用时无法确定每种产品各耗用多少，那么就应该按照一定的标准在各种产品之间计算分配后，才能计入各种产品的成本。通常采用的分配方法有材料定额耗用量（费用）比例分配法、产品产量（重量体积）比例分配法等。

（1）材料定额耗用量比例分配法

材料定额耗用量比例分配法一般适用于制造企业，而且已建立健全了定额管理制度、各种材料消耗均有消耗定额的情况。因为制造企业对各种产品都要制定各种消耗定额，所以采用此方法进行材料费用分配较为普遍。其计算步骤如下。

第一步：计算某种产品材料定额耗用量。

第二步：计算材料耗用量分配率。

第三步：计算某种产品应分摊的材料数量。

第四步：求出某种产品应分摊的材料费用。

具体计算公式如下：

$$材料定额消耗量 = 产品产量 \times 材料单位消耗定额$$

$$材料消耗量分配率 = \frac{共同耗用的材料实际总消耗量}{各种产品材料定额消耗量之和}$$

某产品应分配的材料费用＝该种产品定额消耗量×材料耗用量分配率×材料单价

上述计算方法不仅可以计算出各种产品应分配的材料费用，而且可以提供材料消耗量的资料，对于考核材料定额消耗量的执行情况有一定的帮助。有的企业为简化计算，不计算产品的实际消耗量，而是直接按定额消耗量的比例分配材料费用。其计算公式如下：

$$材料费用分配率 = \frac{共同耗用的材料费用}{各种产品材料定额消耗量之和}$$

$$某种产品应分配的材料费用 = 该产品定额消耗量 \times 材料费用分配率$$

以上关于直接材料的归集和分配，是按实际成本核算的。如果企业的材料是按计划成本核算的，则应先按计划成本归集和分配，然后计算出材料的成本差异率和发出材料应负担的差异额，并将各成本账户和有关账户的计划成本调整为实际成本。

（2）产品产量比例分配法

产品产量比例分配法是以产品的产量为分配标准分配材料费用的方法。其计算公式如下：

$$材料费用分配率 = \frac{应分配材料费用实际总额}{各种产品产量之和}$$

某种产品应分配的材料费用＝该种产品的产量×材料费用分配率

该方法一般适用于各种产品所耗材料费用相差不大的情况。

二、燃料费用的归集和分配

燃料实际上也是材料，所以燃料费用的归集与分配及账务处理方法与原材料费用的归集与分配及账务处理方法基本相同，但如果企业燃料费用所占比例较大，为了加强管理，可在“原材料”账户外，增设“燃料”一级账户进行核算，并将燃料费用单独进行分配。

燃料费用的分配，是指对车间、部门领用并消耗的燃料，根据燃料的去向和用途，计入成本费用的过程。

直接用于产品生产的燃料费用，应记入“基本生产成本”总账和其所属明细账借方的“燃料及动力”成本项目。如果燃料分产品领用，应直接记入；如果不能分产品领用，应采用适当的分配法，分配记入。分配标准一般有产品的重量、体积、所耗原材料的数量或费用，以及燃料的定额消耗量或定额费用等。

任务实施

2014 年 1 月，天津华普电器有限公司生产华普牌空调和冰箱两种产品，生产产品直接耗用 I 型、II 型两种钢板，共同耗用防锈漆、燃料等材料，请同学们对该公司的材料费用进行归集和分配。

【分析】

（1）直接耗用材料的分配

2014 年 1 月天津华普电器有限公司生产华普牌空调和冰箱两种产品，生产产品直接耗用 I 型、II 型两种钢板，本月发料凭证汇总如表 3-1 所示。

表 3-1 发料凭证汇总表

天津华普电器有限公司　　2014 年 1 月　　单位：元

领料部门及用途		I 型钢板	II 型钢板料	合 计
基本生产车间	生产空调 生产冰箱 一般耗用	45 770	68 230	114 000
	生产冰箱	21 480	45 000	66 480
	一般耗用	500	180	680
辅助生产车间	机修车间生产用	1 700	500	2 200
行政管理部门		1 300	300	1 600
专设销售部门		880		880
合 计		71 630	114 210	185 840

根据发料凭证汇总表，编制会计分录如下：

借：生产成本——基本生产成本——空调　　114 000
　　　　　　　　　　　　　　——冰箱　　66 480
　　生产成本——辅助生产成本——机修　　2 200
　　制造费用　　680
　　管理费用　　1 600
　　销售费用　　880
　　贷：原材料 ——I 型钢板　　71 630
　　　　　　　——II 型钢板　　114 210

（2）共同耗用材料的分配

天津华普电器有限公司 2014 年 1 月生产空调、冰箱两种产品，共同耗用防锈漆 1 190 千克，每千克 8 元。空调的实际产量为 450 台，单位产品材料消耗定额为 1 千克；冰箱的实际产量为 200 台，单位产品材料消耗定额为 2 千克。计算分配如下：

空调定额消耗量＝450×1＝450（千克）

冰箱定额消耗量＝200×2＝400（千克）

$$材料耗用量分配率=\frac{1190}{450+400}=1.4$$

空调应分配的材料费用＝450×1.4×8＝5 040（元）

冰箱应分配的材料费用＝400×1.4×8＝4 480（元）

为了简化计算，可按材料费用分配率计算，计算如下：

$$材料费用分配率=\frac{1190\times 8}{450+400}=11.2$$

空调应分配的材料费用＝450×11.2＝5 040（元）

冰箱应分配的材料费用＝400×11.2＝4 480（元）

在实际工作中，共耗材料费用的分配是通过编制材料费用分配表进行的。其格式如表 3-2 所示，空调、冰箱共耗费用按材料费用比例分配见上述计算结果。

表 3-2 材料费用分配表

天津华普电器有限公司　　2014 年 1 月

使用部门及用途		成本项目	产品产量/台	原材料费用			
				分配计入			合计/元
				定额消耗量/千克	分配率	分配金额/元	
基本生产车间	空调	直接材料	450	450	11.20	5 040	5 040
	冰箱	直接材料	200	400	11.20	4 480	4 480
合计				850	11.20	9 520	9 520

根据材料费用分配表 3-2，编制会计分录如下：

借：生产成本——基本生产成本——空调　　5 040

　　　　　　　　　　　　　——冰箱　　4 480

　　贷：原材料　　9 520

（3）燃料费用的分配

天津华普电器有限公司 2014 年 1 月根据燃料领退料凭证，编制燃料费用分配表，如表 3-3 所示。

表 3-3 燃料费用分配表

天津华普电器有限公司　　2014 年 1 月　　单位：元

使用部门及用途		成本费用项目	直接计入	分配计入	燃料费用合计
基本生产	空调	燃料及动力		12 000	12 000
	冰箱	燃料及动力		14 000	14 000
	小 计			26 000	26 000
行政管理部门			10 000		10 000
合 计			10 000	26 000	36 000

根据燃料费用分配表编制会计分录，据以登记有关总账和明细账。编制会计分录如下：

借：生产成本基本生产成本——空调　　12 000
　　　　　　　　　　　　——冰箱　　14 000
　　管理费用　　10 000
　　贷：燃料　　36 000

任务 3.3　核算外购动力费用

任务描述

通过对外购动力费用的归集与分配的学习，能够对企业外购动力费用进行归集与分配。

知识准备

一、外购动力费用的归集

外购动力费用主要是指外购的电力、热力等，外购动力实际上相当于外购的材料，只是没有以实物形式存在，因而在会计处理上既有与材料相同之处，又有与其不同之处，相同的是耗用的外购动力也可以计量，而且也是依据不同用途记入有关成本、费用账户，不同的是购入时由于没有实体，因而无法设专门的账户进行核算。但在实际工作中，由于外购动力付款期与成本、费用核算期并不一致（即外购动力付款日期往往是下月初，而成本、费用核算期一般在月末进行），因此，月末核算成本、费用时，将其先分配到各有关成本、费用账户。此时动力费用尚未支付，应记入“应付账款”账户，到下月初实际支付时，再冲减“应付账款”账户。

二、外购动力费用的分配

外购动力费用的分配原则是在不同受益单位或对象有仪表记录的情况下，应根据各仪表所示耗用的数量及动力的单价直接计算计入受益单位的成本、费用；在没有仪表记录的情况下，则要按一定的标准分配计入各受益对象，如可以按生产工时的比例或定额耗用量的比例分配。

如果生产工艺用的燃料和动力没有专门设成本项目，那么直接用于产品生产的燃料费用和动力费用可以分别记入“直接材料”成本项目和“制造费用”成本项目，作为直接材料费用和制造费用进行核算。

任务实施

天津华普电器有限公司 2014 年 1 月生产空调、冰箱两种产品，共耗电费 35 000 元，没有分产品安装电表，要求按生产工时比例分配动力费用，其生产工时为空调 300 小时，冰箱 200 小时。其他部门分装电表请对该公司外购动力费用进行归集和分配。

【分析】 共耗动力费分配计算如下：

$$生产用电费用分配率=\frac{35\ 000}{300+200}=70$$

$$空调负担电费=300\times 70=21\ 000（元）$$

$$冰箱负担电费=200\times 70=14\ 000（元）$$

天津华普电器有限公司2014年1月份的外购动力费用分配表如表3-4所示。

表3-4 外购动力费用分配表

2014年1月　　单位：元

使用部门及用途		直接计入	分配计入	费用合计
基本生产车间	空调		21 000	21 000
	冰箱		14 000	14 000
小　计			35 000	35 000
辅助生产车间	供电车间	8 000		8 000
	机修车间	6 000		6 000
小　计		14 000		14 000
基本生产车间照明用		4 000		4 000
行政管理部门		3 000		3 000
专设销售部门		1 000		1 000
合　　计		22 000	35 000	57 000

根据外购动力费用分配表3-4，编制会计分录如下：

借：生产成本——基本生产成本——空调　　21 000
　　　　　　　　　　　　　　——冰箱　　14 000
　　生产成本——辅助生产成本——供电车间　　8 000
　　　　　　　　　　　　　　——机修车间　　6 000
　　制造费用——基本生产车间　　4 000
　　管理费用　　3 000
　　销售费用　　1 000
　　贷：应付账款　　57 000

任务3.4　核算人工费用

任务描述

通过对人工费用的归集和分配的学习，能够分配人工费用。

知识准备

企业在一定时期内直接支付给职工的工资总额和在此基础上按国家规定比例计提的职工福利费的总和，统称人工费用或工资费用。这里的工资费用核算主要指的是在企业工资结算完成的基础上，将工资费用分配给有关成本计算对象。

（一）人工费用的归集

根据按车间、部门编制的工资结算单汇总编制工资结算汇总表，计算出一定时期内应付职工的工资总额是人工费用的初步归集。在此基础上，还须将应付工资和按应付工资一定比例提取的职工福利费，按其用途和发生的车间、部门进行再归集（同原材料费用的归集）。即基本生产车间生产工人的工资费用应记入“基本生产成本”账户；基本生产车间管理人员的工资费用记入“制造费用”账户；辅助生产车间生产工人的工资费用记入“辅助生产成本”账户；辅助生产车间管理人员的工资费用可记入“制造费用”账户，也可记入“辅助生产成本”账户；企业行政管理人员的工资费用记入“管理费用”账户；专设销售机构人员的工资费用记入“销售费用”账户。其他人员的工资费用分别记入相应账户以便从规定渠道开支。其中，生产工人的工资费用即为直接人工费用。

（二）人工费用的分配

直接进行产品生产的生产工人工资，按照分配计入成本的方法可分为直接计入费用和间接计入费用两类。其中，计件工资和单一产品生产时生产工人的计时工资属于直接计入费用，可以根据工资结算凭证直接计入产品成本；多品种生产时生产工人的计时工资属于间接计入费用，一般应按生产工时比例分配计入产品成本。其计算公式如下：

$$\text{工资分配率}=\frac{\text{生产人员工资总额}}{\text{各种产品生产工时总和}}$$

$$\text{某种产品应分配的工资额}=\text{该种产品生产工时}\times\text{生产工人工资分配率}$$

任务实施

天津华普电器有限公司 2014 年 1 月生产空调、冰箱两种产品。生产产品工人工资总额为 54 720 元，（其中生产空调工人工资为 17 004 元，生产冰箱工人工资为 11 716 元，共同生产空调、冰箱工人工资总额 26 000 元，该企业采用按生产工时比例分配，空调、冰箱的生产工时分别为 300 小时和 200 小时）； 辅助生产车间机修车间工人工资为 9 120 元，供电车间工人工资为 7 980 元；基本生产车间管理人员工资为 10 944 元，行政管理部门人员工资为 13 680 元，产品销售部门人员工资为 34 200 元，请为该公司分配人工费用。

【分析】 天津华普电器有限公司的工资费用分配计算结果如下：

$$\text{生产工人工资分配率}=\frac{26\,000}{300+200}=52$$

$$\text{空调应分配的工资额}=300\times52=15\,600\text{（元）}$$

$$\text{冰箱应分配的工资额}=200\times52=10\,400\text{（元）}$$

实际工作中，工资的分配是通过编制工资分配表进行的。工资分配表的基本格式如表3-5所示。

表3-5 工资分配表

天津华普电器有限公司　　2014年1月　　单位：元

使用部门及用途		成本项目	直接计入	分配计入		工资合计
				生产工时	分配金额（分配率52）	
基本生产车间	空调	直接人工	17 004	300	15 600	32 604
	冰箱	直接人工	11 716	200	10 400	22 116
	小计		28 720	500	26 000	54 720
辅助生产车间	机修		9 120			9 120
	供电		7 980			7 980
	小计		17 100			17 100
基本生产车间管理用			10 944			10 944
行政管理部门			13 680			13 680
产品销售部门			34 200			34 200
合　计			104 644		26 000	130 644

根据工资分配表，编制会计分录如下：

借：生产成本——基本生产成本——空调　　32 604
　　　　　　　　　　　　　　——冰箱　　22 116
　　生产成本——辅助生产成本——机修　　9 120
　　　　　　　　　　　　　　——供电　　7 980
　　制造费用　　10 944
　　管理费用　　13 680
　　销售费用　　34 200
　　贷：应付职工薪酬——工资　　130 644

任务3.5 核算其他要素费用

任务描述

通过对折旧费用和其他费用的计提，能够对企业折旧及其他费用进行分配。

知识准备

一、折旧费用

固定资产折旧费也是产品成本的组成部分。固定资产通常由使用部门负责管理。按照固定资产管理的要求，计提固定资产折旧费也是按其使用部门归集分配的。其中，基本生产车间固定资产折旧费计入“制造费用”账户；辅助生产车间固定资产折旧费计入“辅助生产成本”账户或“制造费用”账户；行政管理部门固定资产折旧费的计入“管理费用”；专设销售部门的固定资产折旧费计入“销售费用”。

二、其他费用

各种要素费用中的其他费用，是指除了前文所述各要素费用以外的费用，包括邮电费、租赁费、印刷费、图书资料报刊等办公用品订购费、试验检验费、排污费、差旅费、交通费补贴、保险费、职工技术培训费等。这些费用都没有专门设立成本项目，应该在费用发生时，按照发生的车间、部门和用途，分别借记“制造费用”、“管理费用”等账户，贷记“银行存款”、“现金”等账户。

任务实施

请为天津华普电器有限公司计提折旧费用，分配办公用品订购费、试验检验费、排污费、差旅费等其他费用。

【分析】

（1）计提折旧

天津华普电器有限公司 2014 年 1 月计提折旧费。折旧费用的分配通常是通过编制折旧费用分配表进行的，如表 3-6 所示。

表 3-6 折旧费用分配表

天津华普电器有限公司　　2014 年 1 月　　单位：元

项　目	基本生产车间	辅助生产车间		行政管理部门	专设销售机构	合　计
		机修	供电			
折旧费	83 000	1 580	56 000	20 000	3 800	164 380

根据表 3-6，编制会计分录如下：

借：制造费用　　83 000
　　生产成本——辅助生产成本——机修　　1 580
　　　　　　　　　　　　　　——供电　　56 000
　　管理费用　　20 000
　　销售费用　　3 800
　　贷：累计折旧　　164 380

（2）分配其他费用

实际工作中，其他费用的归集核算是通过编制其他费用汇总表进行的。

天津华普电器有限公司 2014 年 1 月发生的其他费用（均由银行存款支付），编制其他费用汇总表，如表 3-7 所示。

表3-7　其他费用汇总表

天津华普电器有限公司　　2014年1月　　单位：元

部门		费用项目	金额
基本生产车间		办公费	2 000
		水电费	1 000
		运输费	500
		小计	3 500
辅助生产车间	供电车间	办公费	1 800
		水电费	1 220
		小计	3 020
	机修车间	办公费	1 500
		水电费	2 000
		小计	3 500
行政部门		办公费	5 000
		水电费	2 000
		邮寄费	3 000
		排污费	5 000
		小计	15 000
合计			25 020

根据表3-7，编制会计分录如下。

借：制造费用　3 500
　　生产成本——辅助生产成本——供电车间　3 020
　　　　　　　　　　　　　　——机修车间　3 500
　　管理费用　15 000
　　贷：银行存款　25 020

项目测试

一、选择题

1. 企业车间因生产产品、提供劳务而发生的各项间接费用，包括工资、折旧费等，属于（　　）成本项目。

A．管理费用　　B．制造费用　　C．直接人工　　D．直接材料

2. 下列人员中，其工资应计入产品成本中直接人工项目的有（　　）。

A．产品生产工人　　B．车间管理人员

C．厂部管理人员　　D．专设销售机构人员

3. 生产产品用的设备计提的折旧费应记入（　　）账户。

A．基本生产成本　　B．管理费用

C．辅助生产成本　　　　　　D．制造费用

4. 计入产品成本的直接人工费用包括（　　）。

A．生产工人工资

B．按生产工人工资的比例计提的职工福利费

C．按生产工人工资 5%计提的职工住房公积金

D．车间管理人员工资

二、简答题

材料费用分配有哪些方法？如何选择？

三、判断题

材料费用是产品成本的组成部分，企业各部门领用的材料都应计入产品成本。（　　）

四、计算题

（1）某企业本月生产 A 产品 2 000 件，B 产品 1 000 件，共同领用甲材料 80 000 元。A 产品耗用甲材料单位消耗定额为 3 000 克，B 产品耗用甲材料单位消耗定额为 2 000 克。

要求按定额消耗量比例法计算分配甲材料费用（写出计算过程）并编制相应的会计分录。

（2）天津华普电器有限公司 2014 年 2 月共耗外购电费 40 000 元。其中生产空调、冰箱两种产品分别耗用电费 12 000 元和 15 000 元，生产车间耗用 8 000 元，管理部门耗用 3 000 元，销售部门耗用 2 000 元，请对该公司外购动力费用进行归集和分配。

（3）某企业本月工资总额 110 000 元，其中，基本生产车间生产工人工资 84 000 元（空调生产工时 45 000 小时，冰箱生产工时 30 000 小时），辅助生产车间人员工资 6 000 元，基本生产车间管理人员工资 8 000 元，厂部管理人员工资 12 000 元。

要求计算分配本月工资费用（写出计算过程）并编制相应的会计分录。

（4）天津华普电器有限公司 2014 年 2 月计提折旧费，请根据表 3-8 所示的折旧费用分配表编制会计分录。

表 3-8　折旧费用分配表

天津华普电器有限公司　　　　2014 年 2 月　　　　单位：元

部　门		费用项目	金　额
基本生产车间		折旧费	26 000
辅助生产车间	供电车间	折旧费	23 000
	机修车间	折旧费	17 800
行政部门		折旧费	36 232
专设销售机构		折旧费	12 220
合　计			115 252

项目 4 核算辅助生产费用

项目目标

1. 掌握辅助生产费用的归集。
2. 掌握辅助生产费用的分配。

任务 4.1 辅助生产费用的归集

任务描述

通过对辅助生产成本总账及明细账的设置和辅助生产费用的归集的学习，能够归集企业的辅助生产费用。

知识准备

一、辅助生产成本总账及明细账的设置

辅助生产是指为基本生产部门、企业管理部门和其他部门提供劳务或产品的生产，如工具、模具、修理用备件等产品的生产和修理、运输等劳务的供应等。辅助生产提供的产品或劳务有时也对外销售，但这不是其主要目的。辅助生产所发生的各项费用记入“辅助生产成本”总账账户的借方；完工入库产品的成本或分配转出的劳务费用记入该账户的贷方；该账户的余额，就是辅助生产在产品的成本。“辅助生产成本”账户应按辅助生产车间、生产的产品和劳务分设辅助生产成本明细账，账中按辅助生产的成本项目或费用项目分设专栏或专行进行登记。

企业发生的各项生产费用，应按成本计算对象和成本项目分别归集。直接材料、直接人工等直接费用直接计入“基本生产成本”和“辅助生产成本”账户；企业辅助生产车间为生产产品提供的动力等直接费用，应在“辅助生产成本”账户核算后，再转入“基本生产成本”账户；其他间接费用先在“制造费用”账户汇集，月度结束再按一定的分配标准分配计入有关的产品成本。

二、辅助生产费用的归集

一般情况下，辅助生产车间的制造费用应先通过“制造费用（辅助生产车间）”账户进行单独归集，然后将其转入相应的“辅助生产成本”明细账，从而计入辅助生产产品或劳务成本。

在辅助生产车间规模很小、制造费用很少，而且辅助生产不对外提供商品，因而不需要按照规定的成本项目计算产品成本的情况下，为了简化核算工作，辅助生产车间的制造费用可不通过“制造费用（辅助生产车间）”明细账单独归集，而是直接记入“辅助生产成本”明细账。

任务实施

根据项目 3 发生的辅助生产费用，为天津华普电器有限公司归集辅助生产费用。

【分析】 天津华普电器有限公司是通过登记“辅助生产成本”明细账来归集辅助生产费用的，如表 4-1 和表 4-2 所示（表中有关数据来自项目 3）。

表 4-1 辅助生产成本明细账

机修车间　　2014 年 1 月　　单位：元

年		凭证字号	摘要	机物料	水电费	人工费	折旧费	办公费	保险费	其他	合计	转出
月	日											
略	略	略	材料费用分配表	2 200							2 200	
			动力费用分配表		6 000						6 000	
			人工费用分配表			9 120					9 120	
			折旧费用分配表				1 580				1 580	
			其他费用分配表		2 000			1 500			3 500	
			合　计	2 200	8 000	9 120	1 580	1 500			22 400	

表 4-2 辅助生产成本明细账

供电车间　　2014 年 1 月　　单位：元

年		凭证字号	摘要	机物料	水电费	人工费	折旧费	办公费	其他	合计	转出
月	日										
略	略	略	材料费用分配表								
			动力费用分配表		8 000					8 000	
			人工费用分配表			7 980				7 980	
			折旧费用分配表				56 000			56 000	
			其他费用分配表		1 220			1 800		3 020	
			合　计		9 220	7 980	56 000	1 800		75 000	

任务 4.2 辅助生产费用的分配

任务描述

通过对直接分配法、交互分配法和计划成本分配法的学习，能够对企业辅助生产费用进行分配。

知识准备

企业发生的辅助生产费用，通过汇总归集到“辅助生产成本”明细账后，还应按受益对象进行分配。受益对象主要包括各基本车间、行政管理部门、专项工程和福利部门等。同时，各辅助生产车间也相互服务和受益，例如，修理车间为供电车间修理设备，供电车间也为修理车间提供电力。因此，为了计算修理车间的修理成本，就要确定耗用供电车间的电费；为了计算供电车间的供电成本，又要确定耗用机修车间的修理费。可见，由于受益对象比较多，各受益对象接受的辅助产品或劳务数量又不相同，因此需要根据辅助生产车间提供的产品或劳务数量，选择恰当的分配方法，正确、合理地将辅助生产费用分配给各受益对象。辅助生产费用分配的常用方法主要有直接分配法、交互分配法和计划成本分配法。

一、直接分配法

直接分配法是将各种辅助生产费用直接分配到辅助生产以外的各受益单位，而不考虑各辅助生产车间之间相互提供产品或劳务情况的一种分配方法。其分配程序是：首先根据各辅助车间实际发生的费用和向辅助车间以外的各受益对象提供的产品或劳务总量，计算出各辅助生产车间的实际单位生产成本；然后再按实际单位生产成本和各受益对象的耗用量进行分配。其计算公式如下：

$$\text{某辅助生产车间产品或劳务的单位成本}=\frac{\text{辅助生产车间生产费用总额}}{\text{该车间本月提供产品或劳务总量}-\text{其他辅助生产车间耗用量}}$$

某受益对象分配额=该受益对象耗用量×耗用产品或劳务的单位成本

直接分配法的优点是简便易行。但由于此方法未在辅助生产车间进行费用分配，因而分配结果不准确。这种方法适宜在辅助生产车间内部相互提供产品或劳务较少、不进行交互分配，对辅助生产成本影响不大的情况下采用。

二、交互分配法

采用交互分配法（也称一次交互分配法）需要进行两次分配。首先，根据各辅助生产车间相互提供劳务的数量和交互分配的单位成本（费用分配率），在各辅助生产车间之间进行一次交互分配；然后，将各辅助生产车间交互分配后的实际费用（即交互分配前的费用加上交互分配转入的费用，减去交互分配转出的费用），按提供劳务的数量和交互分配后的单位成本（费用分配率）在辅助生产车间以外的各受益单位之间进行分配。其计算公式如下。

1. 辅助生产交互分配

$$交互分配率=\frac{辅助生产车间待分配费用}{该车间提供产品或劳务总量}$$

某辅助生产车间交互分配额＝该辅助生产车间耗用量×交互分配率

2. 辅助生产对外分配

$$辅助生产对外分配率=\frac{交互分配前的费用+交互分配转入费用-交互分配转出费用}{该辅助生产车间对外提供产品或劳务总量}$$

某受益对象应负担的费用＝该受益对象耗用量×对外分配率

交互分配法克服了直接分配法的缺点，提高了分配结果的正确性，但由于进行两次分配，因而计算的工作量有所增加，又由于交互分配法的费用分配率是根据交互分配之前的待分配费用计算的，不是各该辅助生产的实际单位成本，因而分配结果不精确。交互分配法适用于劳务种类较多、规模较大而又无现代化计算工具的企业。

三、计划成本分配法

计划成本分配法是指辅助生产车间生产的产品或劳务按照计划单位成本计算，分配辅助生产费用的方法。辅助生产为各受益单位提供的产品或劳务，一律按产品或劳务的实际耗用量和计划单位成本进行分配。辅助生产车间实际发生的费用（包括辅助生产交互分配转入的费用在内）与按计划单位成本分配转出的费用之间的差额，即辅助生产产品或劳务的成本差异，可以追加分配给辅助生产以外的各受益单位，为了简化计算工作，也可以全部记入“管理费用”账户。其计算公式如下。

某辅助车间对外分配计划总成本＝辅助车间提供的劳务总量×该车间计划单位总成本

某辅助车间实际总成本＝该辅助车间归集的生产费用＋其他辅助车间分配转入的计划成本

某辅助车间成本差异＝该辅助车间实际总成本－该辅助车间分配已对外分配的计划总成本

计划成本分配法不仅简化了计算工作，同时还能反映和考核辅助生产成本计划的执行情况及各受益单位的成本，有利于明确企业内部各单位的经济责任。计划成本分配法适用于实行厂内经济核算、计划成本较为准确、管理水平较高的企业。

任务实施

天津华普电器有限公司将本月归集的辅助生产费用分别按照直接分配法、交互分配法和计划成本分配法进行分配。

【分析】

（1）直接分配法

天津华普电器有限公司有机修、供电两个辅助生产车间，主要为该企业基本生产和行政管理部门服务。2014 年 1 月机修车间发生费用为 22 400 元，供电车间发生费用为 75 000 元，各辅助生产车间提供的产品或劳务数量如表 4-3 所示。

表 4-3 辅助生产车间提供产品或劳务数量表

2014 年 1 月

提供产品或劳务 / 受益单位（部门）		修理工时数/小时	用电数/（千瓦·时）
基本生产车间	空调	400	10 100
	冰箱	300	6 000
基本生产车间一般耗用		150	900
辅助生产车间	机修		5 000
	供电	180	
行政管理部门		150	2 500
专设销售机构		120	500
合 计		1 300	25 000

按照直接分配法分配辅助生产费用，其计算结果如下：

$$供电费用分配率=\frac{75\ 000}{25\ 000-5\ 000}=3.75$$

$$机修费用分配率=\frac{22\ 400}{1300-180}=20$$

根据直接分配法编制“辅助生产费用分配表”，如表 4-4 所示。

表 4-4 辅助生产费用分配表（直接分配法）

2014 年 1 月

辅助车间名称			机 修	供 电	合 计
待分配费用			22 400	75 000	97 400
分配率			20	3.75	
基本生产车间	空调	数量	400	10 100	
		金额/元	8 000	37 875	45 875
	冰箱	数量	300	6 000	
		金额/元	6 000	22 500	28 500
基本生产车间一般耗用		数量	150	900	
		金额/元	3 000	3 375	6 375
行政管理部门		数量	150	2 500	

续表

辅助车间名称		机　修	供　电	合　计
行政管理部门	金额/元	3 000	9 375	12 375
专设销售部门	数量	120	500	
	金额/元	2 400	1 875	4 275
合计		22 400	75 000	97 400

根据表 4-4，编制会计分录如下：

借：生产成本——基本生产成本——空调　45 875

——冰箱　28 500

制造费用　6 375

管理费用　12 375

销售费用　4 275

贷：生产成本——辅助生产成本——机修　22 400

——供电　75 000

（2）交互分配法

表 4-5 所示为根据交互分配法编制的辅助生产费用分配表。

表 4-5　辅助生产费用分配表（交互分配法）

2014 年 1 月

项　目		机修车间			供电车间			合计/元
		数量	分配率	金额/元	数量	分配率	金额/元	
（1）待分配费用		1300	17.230 8	22 400.00	25 000	3	75 000.00	97 400.00
交互分配		180		3 101.54	5 000		15 000.00	18 101.54
辅助生产车间	供电车间	180		3 101.54				3 101.54
	机修车间				5 000		15 000.00	15 000.00
（2）对外分配		1 120	30.623 6	34 298.00	20 000	3.1551	63 102.00	9 740.00
基本生产车间	空调	400		12 249.44	10 100		31 866.51	44 115.95
	冰箱	300		9 187.08	6 000		18 930.60	28 117.68
基本生产车间一般耗用		150		4 593.54	900		2 839.59	7 433.13
行政管理部门		150		4 593.54	2 500		7 887.75	12 481.29
专设销售部门		120		3 674.83	500		1 577.55	5 251.95

注：分配率保留四位小数，其他保留两位小数。

其计算过程如下：

机修车间交互分配率＝22 400÷1 300≈17.230 8

供电车间交互分配率＝75 000÷25 000＝3

机修车间交互分配额＝5 000×3＝15 000

供电车间交互分配额＝180×17.2308≈3101.54

机修车间对外分配率＝（22 400＋15 000－3 101.54）÷（1 300－180）≈30.623 6

供电车间对外分配率＝（75 000＋3 101.54－15 000）÷（25 000－5 000）≈3.155 1

根据表 4-5，编制会计分录如下。

（1）交互分配

借：生产成本——辅助生产成本——供电 3 101.54

——机修 15 000

贷：生产成本——辅助生产成本——供电 15 000

——机修 3 101.54

（2）对外分配

借：生产成本——基本生产成本——空调 44 115.95

——冰箱 28 117.68

制造费用 7 433.13

管理费用 12 481.29

销售费用 5 251.95

贷：生产成本——辅助生产成本——机修 34 298.46

——供电 63 101.54

（3）计划成本分配法

假设机修车间每小时劳务的计划单位成本为 30 元，供电车间每千瓦·时的计划单位成本为 2 元，按照计划成本分配法编制辅助生产费用分配表，如表 4-6 所示。

表 4-6 辅助生产费用分配表（计划成本分配法）

2014 年 1 月

项目		机修车间		供电车间		合计/元
		数量	金额/元	数量	金额/元	
待分配费用与数量		1 300	22 400	25 000	75 000	97 400
计划单位成本			30		2	
辅助生产车间	供电车间	180	5 400			5 400
	机修车间			5 000	10 000	10 000
	小计	180	5 400	5 000	10 000	15 400
基本生产车间	空调	400	12 000	10 100	20 200	32 200
	冰箱	300	9 000	6 000	12 000	21 000
	小计	700	21 000	16 100	32 200	53 200
基本生产车间管理耗用		150	4 500	900	1 800	6 300
行政管理部门		150	4 500	2 500	5 000	9 500
专设销售部门		120	3 600	500	1 000	4 600
按计划成本分配合计		1 300	39 000	25 000	50 000	89 000
辅助生产实际成本			2 400		80 400	112 800
辅助上产成本差异			-6 600		+30 400	+23 800

表 4-6 中辅助生产实际成本计算过程如下：

机修车间实际成本＝22 400＋10 000＝32 400（元）

供电车间实际成本＝75 000＋5 400＝80 400（元）

根据表4-6，编制会计分录如下：

1）按计划成本分配辅助生产费用。

借：生产成本——基本生产成本——空调	32 200	
——冰箱	21 000	
生产成本——辅助生产成本——机修	10 000	
——供电	5 400	
制造费用	6 300	
管理费用	9 500	
销售费用	4 600	
贷：生产成本——辅助生产成本——机修		39 000
——供电		50 000

2）将辅助生产成本差异计入管理费用，超支差异用蓝字补加，节约差异用红字冲减。

借：管理费用	23 800	
贷：辅助生产成本——机修		6 600
——供电		30 400

项 目 测 试

一、简答题

如何进行辅助生产费用的归集？辅助生产费用分配方法主要有哪几种？各分配方法有何特点？

二、判断题

直接分配法适宜在辅助生产车间内部相互提供产品或劳务较少、不进行交互分配，对辅助生产成本影响不大的情况下采用。（　　）

三、选择题

1．对于辅助生产费用的交互分配法，交互分配是在（　　）之间分配。

A．各受益单位

B．受益的各辅助生产车间

C．辅助生产车间以外的受益单位

D．受益的各基本生产车间

2．为了简化辅助生产费用的分配，采用计划成本分配法时，辅助生产成本差异一般全部记入（　　）账户。

A. 制造费用　　B. 管理费用　　C. 营业外支出　D. 基本生产成本

3. 辅助生产一次交互分配后的实际费用，应再分给（　　）。

A. 各基本生产车间　　B. 各辅助生产车间

C. 各受益单位　　D. 辅助生产车间以外的各受益单位

4. 辅助生产费用的分配方法，通常有（　）。

A. 直接分配法　　B. 交互分配法

C. 工时比例分配法　　D. 计划成本分配法

5. 需要对辅助生产成本进行两次或两次以上分配的分配方法有（　　）。

A. 直接分配法　　B. 交互分配法

C. 计划成本分配法　　D. 顺序分配法

四、业务题

根据以下经济业务编制会计分录，并归集辅助生产费用。

1）2014 年 2 月，天津华普电器有限公司机修车间领用原材料 20 000 元。

2）2014 年 2 月，天津华普电器有限公司分配工资费用。该公司生产空调、冰箱两种产品。生产空调工人工资为 15 000 元，生产冰箱工人工资为 12 000 元， 辅助生产车间机修车间工人工资为 23 000 元，基本生产车间管理人员工资为 28 000 元，行政管理部门人员工资为 36 000 元。

3）2014 年 2 月，天津华普电器有限公司计提折旧费。其中，生产车间 38 000 元，辅助生产车间机修车间 22 000 元，管理部门 23 000 元。

项目 5 核算制造费用

项目目标

1. 掌握制造费用的归集。
2. 掌握制造费用的分配。

任务 5.1 制造费用的归集

任务描述

通过对制造费用的归集的学习，能够归集企业制造费用。

知识准备

制造费用是指企业各生产单位（分厂、车间）为组织和管理生产而发生的应该计入产品成本、但没有专设成本项目的各项生产费用，如机物料消耗，生产车间用房、机器设备的折旧费、修理费、保险费、租赁费，车间生产用的照明费、劳动保护费、低值易耗品的摊销，设计图纸费和试验检查费等间接用于产品生产的费用。

企业基本生产车间发生的各种制造费用，应按其用途和发生地点，通过“制造费用”账户及其明细账进行归集和分配。根据管理的需要，“制造费用”账户可以按生产车间开设明细账，账内按照费用项目设置专栏，进行明细核算。费用发生时，根据支出凭证借记“制造费用”账户及其所属明细账。材料、工资、折旧等，应在月末根据汇总编制的各种费用分配表记入。归集在“制造费用”账户借方的各项费用，月末一般应全部分配转入“基本生产成本”账户，计入产品成本。分配结转后，“制造费用”账户月末一般无余额。

任务实施

根据项目 3 发生的制造费用，归集天津华普电器有限公司的制造费用。

【分析】 根据项目 3 发生的制造费用，天津华普电器有限公司登记制造费用明细账归集制造费用，账表格式如表 5-1 所示。

表 5-1 制造费用明细账

基本生产车间 2014 年 1 月 单位：元

2014 年		凭证编号	摘要	机物料	人工费	水电费	折旧费	管理费	其他	合 计
月	日									
1	略	略	材料费用分配	680						680
			外购动力费用分配			4 000				4 000
			工资费用分配		10 944					10 944
			折旧费用分配				83 000			83 000
			其他费用分配			1 000			2 500	3 500
			辅助生产费用分配			3 375		3 000		6 375
			合计	680	10 944	8 375	83 000	3 000	2 500	108 499
			分配转出	680	10 944	8 375	83 000	3 000	2 500	108 499

注：*辅助生产费用分配是直接分配法的分配结果。

任务 5.2 制造费用的分配

任务描述

通过对生产工时比例法、生产工人工资比例分配法、机器工时比例法和年度计划分配率分配法的学习，为企业分配制造费用。

知识准备

由于各个车间制造费用水平不同，所以制造费用应按各个车间、分厂分别进行分配，而不是将各车间的制造费用统一起来在整个企业进行分配。为了正确计算产品成本，必须合理地分配制造费用。在只生产一种产品的车间，制造费用则应直接转入该种产品成本；在生产多种产品的车间中，制造费用则应采用既合理又简便的分配方法，分别记入“基本生产成本”账户及其明细账的“制造费用”成本项目。

基本生产车间制造费用的分配方法主要有以下几种。

1. 生产工时比例法

生产工时比例法是按照各种产品所用生产工时的比例分配制造费用的一种方法。其计算公式如下：

$$制造费用分配率=\frac{制造费用总额}{车间各种产品生产工时总数}$$

某种产品应分配的制造费用＝该种产品生产工时×制造费用分配率

按生产工时比例分配制造费用，可使产品负担制造费用的多少与劳动生产率的高低联系起来，如劳动生产率提高，则单位产品生产工时减少，所负担的制造费用也就降低。因此，生产工时比例法是一种常用的较好方法。如果企业产品的工时定额比较准确，上述计算公式也可用于按不同产品的定额工时的比例分配制造费用。

生产工时比例法适用于机械化程度较低或生产单位内的各产品工艺过程机械化程度大致相同的企业。

2. 生产工人工资比例分配法

生产工人工资比例分配法是以各种产品的生产工人工资为标准分配制造费用的一种方法。其计算公式如下：

$$制造费用分配率=\frac{制造费用总额}{车间各种产品的生产工人工资总额}$$

某产品应负担制造费用＝该产品生产工人工资×制造费用分配率

由于工资费用分配表中有生产工人工资的资料，所以该种分配核算工作很简便。但是这种方法只适用于各种产品生产机械化的程度大致相同的情况，否则会影响费用分配的合理性。例如，机械化程度低的产品，所用工资费用多，分配的制造费用也多；反之，机械化程度高的产品，所用工资费用少，分配制造费用也较少，因此会出现不合理的情况。该种分配方法与生产工时比例法的原理基本相同。

3. 机器工时比例法

机器工时比例法是以各种产品所用机器设备的运转时间为标准分配制造费用的一种方法。这种方法适用于机械化程度较高的车间，因为在这种车间中，折旧费用、修理费用的大小与机器运转的时间有密切的联系。采用这种方法，必须正确组织各种产品所耗用机器工时的记录工作，以保持工时的准确性。该方法的计算过程、原理与生产工时比例法基本相同。其计算公式如下：

$$制造费用分配率=\frac{制造费用总额}{车间各种产品的生产耗用机器工时数}$$

某种产品应负担的制造费用＝该产品的生产耗用机器工时数×分配率

4. 年度计划分配率分配法

年度计划分配率分配法是指无论各月实际发生的制造费用是多少，各月各种产品成本中的制造费用均按年度计划确定的计划分配率分配的一种方法。年度内全年制造费用的实际数和产品的实际产量与计划分配率计算的分配数之间的差额，到年终时按已分配比例分配计入 12 月份的产品成本中。其计算公式如下：

$$年度计划分配率=\frac{年度制造费用计划总数}{年度各产品计划产量的定额工时总数}$$

某月某产品应负担的制造费用＝该月该种产品实际产量的定额工时数×年度计划分配率

采用年度计划分配率分配法，可随时结算已完工产品应负担的制造费用，简化分配手续，最适用于季节性生产的企业车间。但采用这种方法，必须要有较高的计划管理水平，否则计划分配额与实际发生额差异过大，会影响制造费用分配的准确性。

例如，某公司基本生产车间全年制造费用计划为93 690元；全年各种产品的计划产量为甲产品4 100件，乙产品3 550件；单件产品的工时定额为甲产品5小时，乙产品4小时。1月份实际产量为甲产品395件，乙产品216件；本月实际发生的制造费用为8 057元；“制造费用”账户1月份期初余额为136.30元。其计算过程如下。

甲产品年度计划产量的定额工时＝4 100×5＝20 500（小时）

乙产品年度计划产量的定额工时＝3 550×4＝14 200（小时）

$$制造费用年度计划分配率=\frac{93\ 690}{20\ 500+14\ 200}=2.70$$

甲产品1月份实际产量的定额工时＝395×5＝1 975（小时）

乙产品1月份实际产量的定额工时＝216×4＝864（小时）

1月份甲产品制造费用＝1975×2.70＝5 332.50（元）

1月份乙产品制造费用＝864×2.70＝2 332.80（元）

该车间1月份按计划分配率分配转出的制造费用＝5 332.50＋2 332.80＝7 665.30（元）

编制会计分录如下：

借：生产成本——基本生产成本——甲产品　　5 332.50
　　　　　　　　　　　　　　——乙产品　　2 332.80
　贷：制造费用——基本生产车间　　7 665.30

根据资料及计算结果，登记1月份“制造费用——基本生产车间”账户如下：

制造费用——基本生产车间

借方	贷方
期初余额：136.30	
8 057	7 665.30
期末余额：528	

在生产工时、生产工人工资和机器工时比例分配法下，“制造费用”账户期末分配结转后无余额。如果使用年度计划分配率分配法，实际发生的制造费用与按年度计划分配率分配转出的制造费用不一致，就会使“制造费用”账户有借方或贷方余额。年终按已分配比例进行调整。若已分配数大于实际数（贷方余额），则用红字冲销；若已分配数小于实际数（借方余额），则用蓝字补记。

制造费用的分配方法，可以由企业主管部门统一规定，也可以由企业根据具体情况自行规定。一经确定不能随意变更，以保持前后期成本资料的可比性。

任务实施

天津华普电器有限公司将本月归集的制造费用按照生产工时比例法进行分配，空调生产工时为300小时，冰箱生产工时为200小时。

【分析】 天津华普电器有限公司编制制造费用分配表5-2所示，按照生产工时分配本月制造费用。

表 5-2 制造费用分配表

产品名称	生产工时/小时	分配率	分配金额/元
空调	300		65 099.40
冰箱	200		43 399.60
合计	500	216.998	108 499

编制会计分录如下：

借：生产成本——基本生产成本——空调　　65 099.40

　　　　　　　　　　　　——冰箱　　43 399.60

　贷：制造费用　　108 499

项 目 测 试

一、简答题

1. 简述要素费用的会计处理方法。
2. 什么是制造费用？制造费用包括哪些明细项目？如何进行归集和分配？

二、判断题

1. “制造费用”账户各期末均无余额。（　　）
2. 所有生产车间发生的各种间接费用，一律通过“制造费用”科目核算。（　　）

三、选择题

1. 制造费用分配常用的方法有（　　）。

　A. 生产工时比例法　　B. 机器工时比例法

　C. 直接分配法　　D. 年度计划分配率分配法

2. 直接用于产品生产，但不便于直接计入产品成本，因而没有专设成本项目的费用及间接用于产品生产的各项费用是指（　　）。

　A. 间接费用　　B. 直接费用

　C. 制造费用　　D. 财务费用

3. 基本生产车间发生下列费用时，可作为制造费用的有（　　）。

　A. 车间管理人员工资　　B. 车间设备折旧费

　C. 车间机物料消耗　　D. 车间生产产品原材料费

四、计算题

（1）根据以下经济业务编制会计分录，并归集制造费用。

1）2014 年 2 月，天津华普电器有限公司生产车间领用原材料 5 000 元。

2）2014 年 2 月，天津华普电器有限公司分配工资费用。该公司生产空调、冰箱两种产品。生产空调工人工资为 15 000 元，生产冰箱工人工资为 12 000 元，辅助生产车间机修车间工人工资为 23 000 元，基本生产车间管理人员工资为 28 000 元，行政管理部门人员工资为 36 000 元。

3）2014 年 2 月，天津华普电器有限公司计提折旧费。其中，生产车间 38 000 元，辅助生产车间机修车间 22 000 元，管理部门 23 000 元。

（2）某企业基本生产车间生产空调、冰箱、丙三种产品，共计生产工时为 7 000 小时，其中，空调 4 000 小时，冰箱 2 000 小时，丙产品 1 000 小时。本月共发生制造费用 14 000 元。

要求：按产品的生产工时分配各种产品应负担的制造费用，并编制“制造费用分配表”和相应的会计分录。

生产费用在完工产品和在产品之间的分配

生产费用是指在企业产品生产的过程中，发生的能用货币计量的生产耗费，是企业在一定时期内产品生产过程中消耗的生产资料的价值和支付的劳动报酬之和。

在我国，工业企业的生产费用按其经济内容可概括分为如下几种。

1）与劳动资料的消耗有关的费用，如外购材料、外购燃料、外购动力。

2）与劳动对象消耗有关的费用，如固定资产折旧。

3）与活劳动消耗有关的费用，如工资及工资附加费和其他支出等。

本模块主要学习如何归集和分配生产费用。

项目6　认识生产费用核算

项目7　归集和分配生产费用

项目 6 认识生产费用核算

项目目标

1. 了解在产品的定义及其清查盘点结果的账务处理。
2. 理解完工产品成本的结转方法。
3. 掌握生产费用在完工产品与在产品之间各种分配方法的适用条件。
4. 熟练掌握及运用约当产量比例法。

任务 6.1 核算在产品数量

任务描述

通过对产品的定义、在产品收发存的日常核算和清查结果的账务处理的学习能够对企业在产品进行会计处理。

知识准备

一、在产品的定义

在产品在企业有狭义和广义两层含义。广义在产品是指没有完成全部加工过程，不能作为商品销售的产品，包括正在车间加工的产品，已经完成一个或几个加工过程，但是没有完成全部加工过程需要继续加工的半成品；已经完工但是尚未包装或验收入库的产品；正在或等待返修的废品。狭义在产品仅仅指某一车间正在加工的产品。应该指出的是，已经出售的半成品、已领未用的原材料等不应列入在产品。

二、在产品收发结存的日常核算

在产品数量的日常核算同其他存货的核算基本相同，应采用账面盘存制。会计人员要做好在产品收发结存的账面核算，还要有计划地进行在产品的定期盘点，这样一方面可以在账面上随时掌握在产品数量的变化，保护企业的财产；另一方面又可以了解生产的进度，加强企业的生产管理。

在实际工作中，由企业会计人员或者车间核算人员设置和登记“在产品收发结存账”

来完成在产品收发结存的日常核算。“在产品收发结存账”如表 6-1 所示。

表 6-1 在产品收发结存账

车间：第一车间

零部件名称：1021　　2014 年 1 月　　数量：件

日期		摘要	收入		发出		结存	
月	日		凭证号	数量	凭证号	数量	完工	未完工
1	1							
1	2							
1	3							
⋮	⋮							
1	31	合计						

在产品收发结存账应该按照产品工序、在产品名称进行详细核算，一般只登记在产品变动的数量，不登记金额。在产品在各个车间之间或车间内部转移时，可以根据相关的领料凭证、在产品内部转移凭证或在产品交库凭证，随时记录在产品的数量变化情况。

三、在产品清查结果的账务处理

为了真实反映在产品的数量，必须做好在产品的清查工作。将清查的结果编制“在产品盘点表”，登记在产品的账面数和实际盘存数、盘盈盘亏数，查明账实不符的原因，并报相关部门审批，根据领导的批复意见及时进行在产品盘盈、盘亏的账务处理。

发生在产品的盘盈时，应首先调增在产品账面价值，使账实相符，借记“基本生产成本”账户，贷记“待处理财产损益——待处理流动资产损益”账户。按照规定核销时，借记“待处理财产损益——待处理流动资产损益”账户，贷记“制造费用”账户，冲减制造费用。

发生在产品的盘亏或者毁损时，应首先调减在产品账面价值，借记“待处理财产损益——待处理流动资产损益”账户，贷记“基本生产成本”账户。按照规定核销时，可以根据不同情况处理，准予记入产品成本的损失借记“制造费用”账户，应由过失人赔偿的部分记入“其他应收款”账户；由于自然灾害造成的非常损失记入“营业外支出”账户，收到的保险赔款记入“银行存款”账户，同时，贷记“待处理财产损益——待处理流动资产损益”账户。

为了准确地计算产品成本，在产品清查盘点结果的账务处理应当在制造费用结转之前进行。

任务实施

天津华普电器有限公司基本生产车间 2014 年 1 月末对在产品的清查结果如下，空调的在产品盘盈 1 件，单位成本 1 000 元；冰箱的在产品盘亏 1 件，单位成本 450 元，应由过失人赔偿；洗衣机的在产品毁损 2 件，单位成本 650 元，系意外灾害造成的损失，企业收到保险公司赔款 1 000 元。上述清查结果经过领导审批，准予转账。请进行会计处理。

【分析】

（1）在产品盘盈的核算

① 盘盈时，计入产品成本

借：生产成本——基本生产成本——空调　　1 000

　　贷：待处理财产损益——待处理流动资产损益　　1 000

② 批准后

借：待处理财产损益——待处理流动资产损益　　1 000

　　贷：制造费用　　1 000

（2）在产品盘亏的核算

① 盘亏时

借：待处理财产损益——待处理流动资产损益　　450

　　贷：生产成本——基本生产成本——冰箱　　450

② 批准后

借：其他应收款　　450

　　贷：待处理财产损益——待处理流动资产损益　　450

（3）在产品毁损的核算

① 毁损转账时

借：待处理财产损益——待处理流动资产损益　　1 300

　　贷：生产成本——基本生产成本——洗衣机　　1 300

② 批准后

借：银行存款　　1 000

　　营业外支出　　300

　　贷：待处理财产损益——待处理流动资产损益　　1 300

任务 6.2 认识生产费用核算方法

任务描述

通过对生产费用核算方法的学习，能够分析判断对企业完工产品和在产品之间生产费用进行分配。

知识准备

基本生产车间生产产品而发生的各项费用已经归集在“基本生产成本”账户及其明细账的借方，这些本月发生的生产费用还要加上月初在产品成本，然后再在本月完工产品和月末在产品之间进行分配。如果本月没有完工产品，那么计入该产品全部的生产费用就是月末在产品成本；如果本月没有在产品，那么计入该产品全部的生产费用就是本月完工产品成本。月初在产品成本、本月生产费用、本月完工产品成本和月末在产品成本四者之间的关系可用下列公式表示。

月初在产品成本＋本月生产费用＝本月完工产品成本＋月末在产品成本

公式的前两项是已知数，后两项是未知数，前两项的费用之和在完工产品和月末在产品之间采用一定的方法进行分配。分配的方法有两种，一是先计算确定月末在产品成本，然后倒算出完工产品成本；二是将公式前两项之和按照一定比例在完工产品和月末在产品之间进行分配，同时求得完工产品成本和月末在产品成本。

生产费用在完工产品和在产品之间的分配是成本核算中的一个重要而又复杂的问题，生产企业应当根据企业产品的生产特点，选择合理又简便的方法计算完工产品成本和在产品成本。选择生产费用在完工产品和在产品之间的分配方法应考虑的因素主要有各月末在产品数量的多少、在产品数量变化的大小、原材料费用和加工费用在产品成本中所占的比例、企业定额管理基础工作的好坏等。企业常用的分配方法有以下七种。

（一）不计算在产品成本法

不计算在产品成本法一般适用于各月末在产品数量较小的情况。由于企业的各月末在产品数量较小，因此在产品成本对产品成本计算的影响不大。为了简化成本核算工作，可以不计算在产品成本，本月发生的生产费用全部由完工产品成本负担，即每月的生产费用就是每月完工产品成本。例如，采煤厂等企业，由于采煤工作面小、在产品数量很少，因此月末在产品可以不计算成本。

（二）在产品按固定成本计价法

采用按固定成本计价法时，各月末在产品成本每月都按照年初固定成本计算，这样每月月初在产品成本和月末在产品成本相等，本月发生的生产费用全部由当月的完工产品成本负担。在年末时，可以根据实际盘点的在产品数量，重新计算在产品成本，以免与在产品实际成本差距过大，影响成本计算的准确性。

在产品按固定成本计价法适用于各月末在产品数量较小，或者在产品数量大但是变化不大的产品。实际工作中，特别适用于用固定容器生产产品的化工企业、炼铁厂等。

（三）在产品按所耗原材料费用计价法

在产品按所耗原材料费用计价法一般适用于各月末在产品数量较大、各月末在产品数量变化也较大、原材料费用在产品成本所占比例较大的情况。因此，运用该方法时，在产品只计算所消耗的原材料费用，要将月初在产品原材料费用加本月投入的原材料费用在完工产品和在产品之间进行分配，而加工费用全部由本月完工产品成本负担。其计算公式一般可以表述为

$$原材料费用分配率=\frac{月初原材料费用+本月发生原材料费用}{完工产品数量+月末在产品约当产量}$$

月末在产品原材料费用（在产品成本）＝月末在产品约当产量×原材料费用分配率

完工产品原材料费用＝完工产品数量×原材料费用分配率

完工产品成本＝完工产品原材料费用＋全部的加工费用

由于原材料费用在产品成本中所占的比例较大，而直接人工费用、制造费用等加工费用的比例较小，因此月初、月末在产品成本中的加工费用基本抵消。为了简化成本计算，可以不计算在产品的加工费用，只计算所消耗的原材料费用。在实际工作中，纺织、造纸、酿酒等生产企业，都可以采用这种方法计算完工产品和在产品成本。

例如，某公司生产甲产品，采用在产品按所耗原材料费用计价法计算完工产品和在产品成本。月初在产品成本为 3 600 元；本月发生的原材料费用 16 400 元，工资、制造费用等加工费用 1 200 元；本月完工产品 800 件，月末在产品 200 件。其原材料是开工时一次投入的，原材料费用按照完工产品和在产品的数量比例分配。其计算过程如下：

$$\text{原材料费用分配率}=\frac{3\,600+16\,400}{800+200}=20$$

月末在产品原材料费用（在产品成本）＝200×20＝4 000（元）

完工产品原材料费用＝800×20＝16 000（元）

完工产品成本＝16 000＋1 200＝17 200（元）

（四）在产品按定额成本计价法

在产品按定额成本计价法适用于各月末在产品数量变化较小、企业定额管理的基础较好、各项定额比较准确、稳定的情况。采用这种方法是将月末在产品成本按其定额成本计算，在产品定额成本是根据在产品数量、投料程度、加工程度及单位产品定额成本资料来确定的，月末在产品的各成本项目定额成本可以按以下公式计算：

月末在产品直接材料定额成本＝在产品数量×单位产品材料费用定额

月末在产品直接人工定额成本＝在产品数量×工时定额×计划小时工资率

月末在产品制造费用定额成本＝在产品数量×工时定额×计划小时费用率

因此，完工产品成本的计算公式为

完工产品成本＝月初在产品定额成本＋本月生产费用－月末在产品定额成本

应当注意的是，由于在产品按其定额成本计价，月初在产品实际费用脱离定额的差异、月末在产品脱离定额的差异全部转由完工产品成本负担，在各项消耗定额不够准确的情况下，影响了产品成本计算的准确性。如果定额资料比较准确、稳定，再加上各月末在产品数量变化不大，对完工产品成本计算的正确性影响就很小。

例如，某公司生产乙产品，采用在产品按定额成本计价法计算完工产品和在产品成本。月初在产品定额成本为 2 940 元，其中直接材料 900 元，直接人工 1 080 元，制造费用 960 元；本月投入的生产费用 10 000 元，其中直接材料 6 000 元，直接人工 1 400 元，制造费用 2 600 元；本月生产完工产品 100 件，月末在产品 20 件；月末在产品单位产品工时定额为 2 小时，直接材料费用定额为 30 元，直接人工费用定额为每小时 1.80 元，制造费用定额为每小时 1.60 元。则完工产品和月末在产品成本的计算结果如

表 6-2 所示。

表 6-2 产品成本计算单

产品名称：乙产品 单位：元

项 目	直接材料	直接人工	制造费用	合 计
月初在产品成本	900	1 080	960	2 940
本月生产费用	6 000	1 400	2 600	10 000
合 计	6 900	2 480	3 560	12 940
完工产品成本	6 300	2 408	3 496	12 204
月末在产品成本	600	72	64	736

注：月末在产品直接材料定额成本＝20×30＝600 元；
月末在产品直接人工定额成本＝20×2×1.80＝72 元；
月未在产品制造费用定额成本＝20×2×1.60＝64 元。

（五）在产品按完工产品成本计算法

在产品按完工产品成本计算法主要适用于月末在产品接近完工、或者已经完工但尚未包装或验收入库的情况。采用这种方法时，为了简化成本计算工作，在产品视同完工产品分配费用，直接按照完工产品和月末在产品的数量比例分配各项费用。其计算公式如下：

$$费用分配率＝\frac{某项生产费用合计}{完工产品数量＋月末在产品数量}$$

完工产品分配某项生产费用＝完工产品数量×费用分配率

月末在产品分配某项生产费用=月末在产品数量×费用分配率

例如，丙产品生产已经接近完工，在产品按完工产品成本计算，本月完工产品产量 600 件，月末在产品 200 件。有关的成本资料、完工产品和月末在产品成本计算结果如表 6-3 所示。

表 6-3 产品成本计算单

产品名称：丙产品 单位：元

项 目	直接材料	直接人工	制造费用	合 计
月初在产品成本	600	400	500	1 500
本月生产费用	25 000	5 200	5 900	36 100
合 计	25 600	5 600	6 400	37 600
产量合计	600+200	600+200	600+200	
分配率	32	7	8	47
本月完工产品成本	19 200	4 200	4 800	28 200
月末在产品成本	6 400	1 400	1 600	9 400

（六）约当产量比例法

约当产量是指将在产品按其完工程度折算为相当于完工产品的数量。在产品约当产量等于在产品数量与在产品完工率（完工率是表示完工程度的指标，经常用百分数表示）的乘积。采用约当产量比例法，就是将全部的生产费用按照完工产品数量和在产品约当产量比例进行分配的一种方法。其计算公式如下：

$$费用分配率=\frac{某项生产费用合计}{完工产品数量+月末在产品约当产量}$$

完工产品成本＝完工产品数量×费用分配率

月末在产品成本＝在产品约当产量×费用分配率

综上所述，约当产量比例法适用于在产品数量较多、各月末在产品数量变化较大，并且原材料费用和加工费用在产品成本中所占的比例相差不多的情况。为了提高产品成本计算的准确性，在产品既要分配原材料费用，又要分配加工费用，因此，采用约当产量法计算完工产品和月末在产品成本。

（七）定额比例法

采用定额比例法计算完工产品和月末在产品成本时，将发生的生产费用按照完工产品和在产品的定额比例在完工产品和在产品之间进行分配。通常，直接材料费用按照材料定额消耗量或定额费用比例分配；直接人工和制造费用等加工费用可以按照该费用的定额费用或者定额工时比例分配。其计算公式如下：

定额消耗量＝产品产量×单位产品消耗定额

定额费用＝产品产量×单位产品费用定额

＝定额消耗量×单价

定额工时＝产品产量×单位产品工时定额

$$材料费用分配率=\frac{月初在产品原材料费用+本月投入原材料费用}{完工产品定额原材料费用+月末在产品原材料定额费用}$$

完工产品实际原材料费用＝完工产品定额原材料费用×材料费用分配率

月末在产品实际原材料费用＝月末在产品定额原材料费用×材料费用分配率

或

$$材料费用分配率=\frac{月初在产品原材料费用+本月投入原材料费用}{完工产品定额消耗量+月末在产品定额消耗量}$$

完工产品实际原材料费用＝完工产品定额消耗量×材料费用分配率

月末在产品实际原材料费用＝月末在产品定额消耗量×材料费用分配率

$$人工费用分配=\frac{月初在产品人工费用+本月投入人工费用}{完工产品定额人工费用+月末在产品定额人工费用}$$

完工产品人工费用＝完工产品定额人工费用×人工费用分配率

月末在产品人工费用＝月末在产品定额人工费用×人工费用分配率

或

$$人工费用分配=\frac{月初在产品人工费用+本月投入人工费用}{完工产品定额工时+月末在产品定额工时}$$

完工产品人工费用＝完工产品定额工时×人工费用分配率

月末在产品人工费用＝月末在产品定额工时×人工费用分配率

制造费用分配的计算公式参照直接人工费用分配的计算公式。

例如，某企业生产C产品，月初在产品成本为原材料1 400元，直接人工600元，制造费用400元。本月投入生产费用为原材料8 200元，直接人工3 000元，制造费用2 000元。本月生产完工产品4 000件，单位产品材料费用定额2元，单位产品工时定额为1.25小时；月末在产品1 000件，单位产品材料费用定额2元，单位产品工时定额为1小时。完工产品成本和月末在产品成本分配采用定额比例法。其计算结果如表6-4所示。

表6-4 产品成本计算单

产品名称：C产品　　　　单位：元

项 目	月初在产品成本	本月费用	合计	费用分配率	完工产品成本		月末在产品成本	
					定额费用(定额工时)	实际成本	定额费用(定额工时)	实际成本
原材料	1 400	8 200	9 600	0.96	8 000	7 680	2 000	1 920
直接人工	600	3 000	3 600	0.60	5 000	3 000	1 000	600
制造费用	400	2 000	2 400	0.40	5 000	2 000	1 000	400
合 计	2 400	13 200	15 600			12 680		2 920

按照上述公式计算完工产品成本和月末在产品成本，必须取得完工产品和月末在产品的定额资料。完工产品和月末在产品的定额消耗量、定额费用和定额工时，是根据完工产品和月末在产品的实际产量乘以单位产品消耗定额、费用定额或者工时定额计算的。在月末在产品的种类、生产工序繁多的情况下，计算月末在产品定额资料的工作量很大。因此，月末在产品的定额资料可以采用倒挤法推算。其计算公式如下：

月末在产品定额消耗量＝月初在产品定额消耗量＋本月投入定额消耗量－完工产品定额消耗量

月末在产品定额费用＝月初在产品定额费用＋本月投入定额费用－完工产品定额费用

月末在产品定额工时＝月初在产品定额工时＋本月投入定额工时－完工产品定额工时

但是在发生在产品盘盈、盘亏的情况下，计算出的成本资料不能真实反映产品成本的水平。为了提高产品成本计算的准确性，只有在未发生在产品盘盈、盘亏时，才使用倒挤法计算月末在产品的定额消耗量、定额费用和定额工时。

采用定额比例法分配完工产品与月末在产品成本，分配结果比较正确，同时还便于将实际费用与定额费用进行比较，考核和分析定额的执行情况。这种方法适用于各项消耗定额或费用定额比较准确、稳定，但是各月末在产品数量变化较大的情况。

任务实施

天津华普电器有限公司产品生产具有如下特点：

1）在产品数量较多。

2）各月末在产品数量变化较大。

3）原材料费用和加工费用在产品成本中所占比例相差不多。

请分析，判断天津华普电器有限公司，应采用何种方法在完工产品和在产品之间分配生产费用？

【分析】上述特点完全符合约当产量法的适用情况，为了提高产品成本计算的准确性，在产品既要分配原材料费用，又要分配加工费用，因此应当采用约当产量法计算完工产品和月末在产品成本。

项目测试

一、简答题

1. 什么是在产品？如何进行在产品清查盘点的账务处理？

2. 计算完工产品成本和在产品成本的主要方法有几种？各种方法的使用条件是什么？

3. 选择完工产品和在产品之间分配费用的方法，应考虑哪些因素？

4. 什么是约当产量？如何采用约当产量比例法计算产品成本？

5. 怎样结转完工产品成本？

二、判断题

1. 各月末在产品数量变化不大的产品，可以不计算在产品成本。（ ）

2. 采用在产品按所耗原材料费用计价法，本月发生的直接人工、制造费用等加工费用全部计入完工产品成本。（ ）

3. 约当产量比例法只适用于加工费用的分配，不适用于原材料费用的分配。（ ）

4. 如果原材料在各工序开始时一次投入，完工率等于该工序完成时累计原材料消耗定额与完工产品原材料消耗定额的百分比。（ ）

5. 如果某种产品的月末在产品数量变化不大，而且企业的各项消耗定额准确、稳定，则适宜采用定额比例法分配完工产品与在产品成本。（ ）

三、选择题

1. 不计算在产品成本法，适用于（ ）。

A. 各月末在产品数量很小

B. 各月末在产品数量很大

C. 各月末在产品数量变化很小

D. 各月末在产品数量变化很大

2. 在产品按固定成本计价法，适用于（ ）。

A. 各月末在产品数量较大

B. 各月末在产品数量变化很大

C. 各月产品成本水平相差不大

D. 各月末在产品数量大，但各月份数量变化不大

3. 在产品按所耗原材料费用计价法，适用于（ ）。

A. 各月末在产品数量较大

B. 各月末在产品数量变化很大

C. 原材料费用在产品成本中所占比例较大

D. 同时具备上述三个条件

4. 某种产品各月末在产品数量较大，其数量变化也很大，原材料费用和加工费用在产品成本中所占比例相差不多，应采用（ ）计算完工产品和月末在产品成本。

A. 约当产量法　　B. 在产品按固定成本计价法

C. 定额比例法　　D. 在产品按定额成本计价法

5. 某产品经过三道工序加工而成。原材料在各工序开始时一次投入，各工序的材料消耗定额分别为10千克、20千克和20 千克。第三工序的完工率是（ ）

A. 40%　　B. 50 %　　C. 80 %　　D. 100%

6. 在完工产品和在产品之间分配费用的方法有（ ）。

A. 定额比例法　　B. 约当产量比例法

C. 直接分配法　　D. 交互分配法

7. 选择完工产品和在产品之间分配费用方法应考虑的因素有（ ）。

A. 各月末在产品数量的大小　　B. 各月末在产品数量变化的大小

C. 各项费用在产品成本中所占的比例　　D. 企业定额管理的好坏

项目 7 归集和分配生产费用

项目目标

1. 掌握生产费用的归集。
2. 掌握生产费用的分配。

任务 7.1　生产费用的归集

任务描述

通过对生产费用的归集知识的学习，能够对企业生产费用进行归集。

知识准备

生产费用的归集是通过登记基本生产成本明细账来实现的。

基本生产是指为完成企业主要生产目的而进行的产品生产。“基本生产成本”账户是为了归集基本生产过程中所发生的各种生产费用和计算基本生产产品成本而设立的。基本生产所发生的各项费用，记入该账户的借方；完工入库的产品成本，记入该账户的贷方；该账户的余额，就是基本生产在产品的成本。“基本生产成本”账户应按产品品种等成本计算的对象分设基本生产成本明细账（也称为产品成本明细账或产品成本计算单），账户应按成本项目分设专栏或专行，登记该产品的各成本项目的月初在产品成本、本月发生的生产费用、本月完工产品成本和月末在产品成本。其格式及举例如表 7-1 和表 7-2 所示。

表 7-1　基本生产成本明细账　　单位：元

车间名称：第一车间　　××年×月　　产品名称：A 产品

月	日	摘　要	产量/件	成本项目			成本合计
				直接材料	直接人工	制造费用	
X	31	本月生产费用					
X	31	本月完工产品成本					
X	31	完工产品单位成本					

表 7-2 基本生产成本明细账

车间名称：第二车间　　××年×月　　产品名称：B 产品

月	日	摘　要	产量/件	成本项目			成本合计
				直接材料	直接人工	制造费用	
X	1	月初在产品成本					
X	31	本月生产费用					
X	31	生产费用累计					
X	31	本月完工产品成本					
X	31	完工产品单位成本					
X	31	月末在产品成本					

基本生产成本明细账中虽然没有标明借方、贷方和余额，但其基本结构仍为这三个部分。表 7-2 中的月初在产品成本为月初借方余额；本月生产费用为本月借方发生额，根据本月各种费用分配表登记；本月完工产品成本为贷方发生额，月末在产品成本为月末借方余额，这两项费用根据完工产品与月末在产品成本的分配方法分别登记。

任务实施

天津华普电器有限公司 2014 年 1 月初空调、冰箱的在产品成本资料如表 7-3 所示。

表 7-3 月初在产品成本资料

2014 年 1 月

产品名称	直接材料	直接人工	制造费用	合计
空调	100 000	25 000	25 000	150 000
冰箱	110 000	9 000	11 000	130 000

请根据项目 3、项目 4 和项目 5 的资料归集冰箱、空调两种产品的生产费用。注：辅助生产费用采用直接分配法计算结果，制造费用采用工时分配法计算结果。

【分析】 天津华普电器有限公司通过登记基本生产成本明细账归集生产费用，如表 7-4 和表 7-5 所示。

表 7-4 基本生产成本明细账

车间名称：第二车间　　2014 年 1 月　　产品名称：空调

月	日	摘　要	产量/件	成本项目			成本合计
				直接材料	直接人工	制造费用（含辅助生产费用）	
1	1	月初在产品成本		100 000	25 000	25 000	150 000.00
1	31	本月生产费用		152 040	32 604	110 974.40	295 618.40
1	31	生产费用累计		252 040	57 604	135 974.40	445 618.40

续表

月	日	摘　　要	产量/件	成本项目			成本合计
				直接材料	直接人工	制造费用（含辅助生产费用）	
1	31	本月完工产品成本					
1	31	完工产品单位成本					
1	31	月末在产品成本					

表7-5　基本生产成本明细账

车间名称：第二车间　　2014年1月　　产品名称：冰箱

月	日	摘　　要	产量/件	成本项目			成本合计
				直接材料	直接人工	制造费用	
1	1	月初在产品成本		110 000	9 000	11 000.00	130 000
1	31	本月生产费用		98 960	22 116	71 899.60	192 975.60
1	31	生产费用累计		208 960	31 116	82 899.60	322 975.60
1	31	本月完工产品成本					
1	31	完工产品单位成本					
1	31	月末在产品成本					

任务7.2　生产费用的分配

任务描述

通过对约当产量比例分配法的进一步学习，能够运用该方法计算企业在完工产品与在产品之间分配本月生产费用。

知识准备

在产品约当产量的计算十分重要，其计算的准确性直接影响约当产量法计算的准确性和合理性。约当产量比例法中，由于在产品在实际加工过程中，各项费用的完工程度不一致，因此应分别按产品成本项目计算月末在产品的约当产量，根据不同的约当产量分配不同成本项目的费用。其中，直接材料成本项目应根据月末在产品所耗直接材料的投入程度折算约当产量；直接人工和制造费用等加工费用成本项目应根据月末在产品的完工程度折算约当产量。

理论上讲，在产品各个成本项目的投料和加工程度的确定，一般都按50%来计算。产品在加工生产线的不同工序加工，在产品有的完工程度较低，有的完工程度较高，因此可以采用折中平均的办法，一律按50%计算。但是在实际工作中，投料情况和完工程度差异很大，会计人员要根据实际情况，计算投料程度和加工程度。

直接材料成本项目约当产量的确定，取决于产品生产过程中的投料程度。会计人员根据具体情况，分别计算直接材料费用的投料率。

1）直接材料在生产开始时一次投入，在产品投料率为100%，即产品生产在一次投料的情况下，不论在产品完工程度如何，都视同完工产品，分担同等的直接材料费用。

2）直接材料在生产过程中是分工序陆续、均衡地投入，而且投入程度与加工费用的完工程度基本一致或者完全一致，可以用加工费用的完工率代替直接材料费用的投料率（加工费用完工率的测定将在后文介绍）。

3）直接材料在生产过程中是分工序陆续、均衡地投入，而且投入程度与加工费用的完工程度不一致，则在产品投料率按下列公式计算。

$$投料率=\frac{前各工序材料消耗定额之和+本工序材料消耗定额\times 50\%}{完工产品材料消耗定额}\times 100\%$$

假设丁产品的生产经过三道工序制成，其原材料费用随着各工序进度陆续投入。丁在产品数量和直接材料消耗定额等资料已知，则月末在产品约当产量的计算结果如表7-6所示。

表7-6 约当产量计算表

产品名称：丁产品

工序	直接材料消耗定额/千克	月末在产品数量/件	在产品投料率	在产品约当产量/件
一	20	350	$\frac{20\times 50\%}{50}\times 100\%=20\%$	350×20%=70
二	20	150	$\frac{20+20\times 50\%}{50}\times 100\%=60\%$	150×60%=90
三	10	200	$\frac{20+20+10\times 50\%}{50}\times 100\%=90\%$	200×90%=180
合计	50	700		340

4）直接材料是分工序投入且在各工序开始时一次投入，则在产品投料率按下列公式计算：

$$投料率=\frac{前各工序材料消耗定额之和+本工序材料消耗定额}{完工产品材料消耗定额}\times 100\%$$

假设丁产品生产过程中，原材料费用是在各工序开始时一次投入。直接材料消耗定额及各工序月末在产品数量如表7-6所示，则月末在产品约当产量的计算结果如表7-7所示。

表 7-7　约当产量计算表

产品名称：丁产品

工序	直接材料消耗定额/千克	月末在产品数量/件	在产品投料率	在产品约当产量/件
一	20	350	$\frac{20}{50}\times100\%=40\%$	350×40%=140
二	20	150	$\frac{20+20}{50}\times100\%=80\%$	150×80%=120
三	10	200	$\frac{20+20+10}{50}\times100\%=100\%$	200×100%=200
合计	50	700		460

在产品加工费用的数额大小取决于加工程度，不同加工程度的在产品负担的加工费用是不相同的。加工费用完工率的计算方法有两种。

1）加工费用完工率一律按 50%计算，该方法适用于企业生产进度比较均衡，而且各工序在产品加工数量差别不大的产品。

2）如果企业生产进度不均衡，则需要分工序测定各个工序在产品的完工率，其计算公式如下：

$$完工率=\frac{前各工序工时定额之和+本工序工时定额\times50\%}{完工产品工时定额}\times100\ \%$$

假设某企业生产 A 产品经过三道工序制成，三道工序生产所需工时定额分别为 16 小时、40 小时和 24 小时，完工产品工时定额为 80 小时，则各工序在产品完工率计算结果如下所示。

$$第一工序完工率=\frac{16\times50\%}{80}\times100\%=10\%$$

$$第二工序完工率=\frac{16+40\times50\%}{80}\times100\%=45\%$$

$$第三工序完工率=\frac{16+40+24\times50\%}{80}\times100\%=85\%$$

例如，某企业生产 B 产品，需经过三道工序制成，各工序耗用工时定额分别为 24 小时、14 小时和 12 小时，月末三道工序在产品结存数量均为 100 件。有关成本资料为空调月初在产品直接材料 2 500 元，直接人工 370 元，制造费用 429 元；本月投入直接材料 8 000 元，直接人工 4 000 元，制造费用 7 000 元；本月完工产品产量 700 件；原材料在开工时一次投入。根据上述资料计算完工产品和在产品成本。

其计算过程如下。

（1）计算各工序完工率

$$第一工序完工率=\frac{24\times50\%}{50}\times100\%=24\%$$

$$第二工序完工率=\frac{24+14\times50\%}{50}\times100\%=62\%$$

$$第三工序完工率=\frac{24+14+12\times50\%}{50}\times100\%=88\%$$

（2）各工序在产品约当产量

第一工序在产品约当产量＝100×24%＝24（件）

第二工序在产品约当产量＝100×62%＝62（件）

第三工序在产品约当产量＝100×88%＝88（件）

三道工序在产品约当产量合计＝24＋62＋88＝174（件）

“产品成本计算单”如表 7-8 所示。

表 7-8 产品成本计算单

产品名称：B 产品 单位：元

项　目	直接材料	直接人工	制造费用	合　计
月初在产品成本	2 500	370	429	3 299
本月生产费用	8 000	4 000	7 000	19 000
合计	10 500	4 370	7 429	22 299
产量合计/件	700＋300	700＋174	700＋174	
分配率	10.50	5	8.50	24
本月完工产品成本	7 350	3 500	5 950	16 800
月末在产品成本	3 150	870	1 479	5 499

任务实施

天津华普电器有限公司 2014 年 1 月初空调、冰箱本月产量资料如表 7-9 所示。

表 7-9 空调、冰箱的产量资料

2014 年 1 月 单位：件

产品名称	月初在产品	本月投产	本月完工产品	月末在产品	完工率
空调	150	300	350	100	50 %
冰箱	75	125	200	0	100 %

请采用约当产量比例法在完工产品与在产品之间分配本月生产费用。假设直接材料在生产开始时一次投入，在产品投料率为 100%。

【分析】 天津华普电器有限公司编制的“成本计算单”如表 7-10 和表 7-11 所示，采用约当产量比例法分配生产费用，并登记生产成本明细账如表 7-12 和表 7-13 所示。

1）计算空调成本，如表 7-10 所示。

表 7-10 产品成本计算单

单位：元

本月完工：350 件

产品名称：空调　　2014 年 1 月　　月末在产品：100 件

摘要	直接材料	直接人工	制造费用	合计
月初在产品成本	100 000.00	25 000.00	25 000.00	150 000.00
本月生产费用	152 040.00	32 604.00	110 974.40	295 618.40
生产费用累计	252 040.00	57 604.00	135 974.40	445 618.40
在产品约当产量	100.00	50.00	50.00	
产量合计	450.00	400.00	400.00	
分配率	560.0889	144.0100	339.9360	
完工产品成本	196 031.12	50 403.50	118 977.60	365 412.22
月末在产品成本	56 008.88	7 200.50	16 996.8	80 206.18
单位成本	560.09	144.01	339.94	1 044.04

注：分配率保留四位小数，其他保留两位小数。

2）计算冰箱成本，如表 7-11 所示。

表 7-11 产品成本计算单

单位：元

本月完工：200 件

产品名称：冰箱　　2014 年 1 月　　月末在产品：0 件

摘要	直接材料	直接人工	制造费用	合计
月初在产品成本	110 000.00	9 000.00	11 000.00	130 000.00
本月生产费用	98 960.00	22 116.00	71 899.60	192 975.60
生产费用累计	208 960.00	31 116.00	82 899.60	322 975.60
在产品约当产量				
产量合计	200.00	200.00	200.00	
分配率	1 044.8000	155.5800	414.4980	
完工产品成本	208 960.00	31 116.00	82 899.60	322 975.60
月末在产品成本	0	0	0	0
单位成本	1 044.80	155.58	414.50	1 614.88

注：分配率保留四位小数，其他保留两位小数。

3）登记基本生产成本明细账，如表 7-12 和表 7-13 所示。

表 7-12 基本生产成本明细账

单位：元

车间名称：第二车间　　2014 年 1 月　　产品名称：空调

月	日	摘　要	产量/件	成本项目			成本合计
				直接材料	直接人工	制造费用（含辅助生产费用）	
1	1	月初在产品成本		110 000.00	9 000.00	11 000.00	130 000.00
1	31	本月生产费用		98 960.00	22 116.00	71 899.60	192 975.60
1	31	生产费用累计		208 960.00	31 116.00	82 899.60	322 975.60
1	31	本月完工产品成本	350	196 031.12	50 403.50	118 977.60	365 412.22
1	31	完工产品单位成本		560.09	144.01	339.94	1 044.04
1	31	月末在产品成本	100	56 008.88	7 200.50	16 996.8	80 206.18

注：分配率保留四位小数，其他保留两位小数。

表 7-13 基本生产成本明细账

单位：元

车间名称：第二车间　　2014 年 1 月　　产品名称：冰箱

月	日	摘　要	产量/件	成本项目			成本合计
				直接材料	直接人工	制造费用	
1	1	月初在产品成本		110 000.00	9 000.00	11 000.00	130 000.00
1	31	本月生产费用		98 960.00	22 116.00	71 899.60	192 975.60
1	31	生产费用累计		208 960.00	31 116.00	82 899.60	322 975.60
1	31	本月完工产品成本	200	208 960.00	31 116.00	82 899.60	322 975.60
1	31	完工产品单位成本		1 044.80	155.58	414.50	1 614.88
1	31	月末在产品成本		0	0	0	0

注：分配率保留四位小数，其他保留两位小数。

任务 7.3 结转完工产品成本

任务描述

通过学习本任务，月末能够对企业完工产品成本进行结转。

知识准备

工业企业生产产品过程中发生的各项生产费用，划清了各项费用的界限，在各种产品之间进行了分配，又进行了完工产品和月末在产品成本之间的分配，计算月末在产品成本和完工产品成本，据以核算和监督各种产品成本计划的完成情况。

工业企业完工产成品经过产成品仓库验收入库以后，应该根据产品成本计算单、产品验收入库单、产成品成本汇总表等有关凭证，将完工产品成本从“生产成本——基本生产成本”账户及其所属明细账贷方转入“库存商品”总账及其所属明细账的借方。结转后，如果“生产成本——基本生产成本”账户有月末余额，就是基本生产车间期末在产品成本，即占有在生产过程中的生产资金。结转完工产品成本编制会计分录如下。

借：库存商品

　贷：生产成本——基本生产成本

生产过程中自制的材料、工具、模具等的成本，也应区别不同情况从“生产成本——辅助生产成本”账户及其所属的明细账的贷方，结转至“原材料”、“低值易耗品”等总账及其所属的明细账的借方。

任务实施

天津华普电器有限公司月末根据任务 7.2 表 7-10 和表 7-11 结转完工产品成本。

【分析】

（1）编制“完工产品成本汇总表”，如表 7-14 所示。

表 7-14　完工产品成本汇总表

2014 年 1 月　　单位：元

产成品		数量/件	直接材料	直接人工	制造费用	合计
空调	总成本	350	196 031.12	50 403.50	118 977.60	365 412.22
	单位成本		560.09	144.01	339.94	1 044.04
冰箱	总成本	200	208 960.00	31 116.00	82 899.60	322 975.60
	单位成本		1 044.80	155.58	414.50	1 614.88

（2）根据“完工产品成本汇总表”编制记账凭证，会计分录如下：

借：库存商品——空调　　365 412.22

　　　　　——冰箱　　322 975.60

　贷：生产成本——基本生产成本——空调　　365 412.22

　　　　　　　　　　　　　　——冰箱　　322 975.60

项目测试

一、计算题

1. 天津华普电器有限公司生产空调、冰箱两种产品，2014 年 2 月初，空调、冰箱的在产品成本资料如表 7-15 所示。

表 7-15 空调、冰箱的月初在产品成本

2014 年 2 月 1 日 单位：元

产品名称	直接材料	直接人工	制造费用	合计
空调	50 000	23 000	30 000	103 000
冰箱	60 000	9 000	13 000	163 000

根据以下经济业务编制会计分录，并归集产品的生产费用。

1）2014 年 2 月，天津华普电器有限公司生产空调领用原材料 81 700 元。

2）2014 年 2 月，天津华普电器有限公司分配工资费用。该公司生产空调、冰箱两种产品。生产空调工人工资为 15 000 元，生产冰箱工人工资为 12 000 元，辅助生产车间机修车间工人工资为 23 000 元，基本生产车间管理人员工资为 28 000 元，行政管理部门人员工资为 36 000 元。

3）2014 年 2 月，该电器有限公司按照生产工时分配制造费用，制造费用总额为 50 000 元。（空调的生产工时为 100 小时，冰箱的生产工时为 150 小时）

2．某产品经三道工序制成，各工序原材料消耗定额分别为 100 千克、220 千克和 180 千克。

要求：（1）计算原材料在各工序开始时一次投入情况下各工序的完工率。

（2）计算原材料随工序进度陆续投料情况下各工序的完工率。

3．某企业生产 A 产品，原材料开工一次投入。该产品经三道工序制成，各工序工时定额分别为 10 小时、20 小时和 20 小时。本月生产完工产品 800 件。月末各工序在产品数量分别为 100 件、100 件和 50 件。月初在产品原材料费用 500 元，工资费用 450 元，制造费用 120 元。本月投入的原材料费用 10 000 元，工资费用 4 000 元，制造费用 7000 元。

要求：采用约当产量比例法计算完工产品和在产品成本。

4. 某企业生产 B 产品，月初在产品原材料费用 500 元，工资费用 800 元，制造费用 1 200 元。本月投入的原材料费用 8 500 元，工资费用 4 000 元，制造费用 4 800 元。本月完工产品 4 000 件，单位产品原材料费用定额为 2 元，工时定额为 1.25 小时；月末在产品 1 000 件，单位产品原材料费用定额为 2 元，工时定额为 1 小时。

要求：采用定额比例法计算本月完工产品和在产品成本。

5. 天津华普电器有限公司生产空调、冰箱两种产品。2014 年 2 月末，结转完工产品成本。其中，空调完工 200 台，单位成本 1 500 元；冰箱完工 150 台，单位成本 1 800 元。

二、实训题

采用约当产量比例法分配完工产品和在产品成本。

四海公司生产甲、乙、丙三种产品，2014 年 1 月份产量、费用、工时定额资料如下。

1）月初在产品成本如表 7-16 所示。

表 7-16　月初在产品成本

单位：元

项目	直接材料	直接人工	制造费用	合计
甲	20 200	12 300	11 200	43 700
乙	12 000	12 300	35 000	59 300
丙	58 000	12 300	23 300	93 600

2）本月生产费用如表 7-17 所示。

表 7-17　本月生产费用

单位：元

项目	直接材料	直接人工	制造费用	合计
甲	303 000	120 000	94 100	517 100
乙	755 000	112 700	215 000	982 700
丙	290 000	215 000	46 300	551 300

3）各种产品产量以及完工情况如下。

① 生产甲产品，材料开工时一次投入，本月完工 120 件，月末在产品 40 件，完工率 40%。

② 乙产品经过两道工序制成，材料开工时一次投入，完工产品 670 件，两道工序在产品数量分别为 450 件和 280 件；两道工序工时定额分别为 25 小时和 35 小时。

③ 丙产品经过两道工序制成，原材料随着加工进度陆续投入，投入程度与加工费用基本一致，完工产品 100 件，两道工序在产品数量分别为 50 件、20 件；两道工序完工率分别为 20%和 70 %。

要求：采用约当产量比例法计算甲、乙、丙产品成本，分别将数据填入表 7-18～表 7-20。

表 7-18　产品成本计算单

产品名称：甲　　2014 年 1 月　　完工产品：120 件；在产品：40 件

项目	直接材料	直接人工	制造费用	合计
月初在产品成本				
本月费用				
合计				
约当产量				
分配率				
完工产品成本				
月末在产品成本				

表 7-19 产品成本计算单

产品名称：乙　　2014 年 1 月　　完工产品：670 件

项目	直接材料	直接人工	制造费用	合计
月初在产品成本				
本月费用				
合计				
约当产量				
分配率				
完工产品成本				
月末在产品成本				

表 7-20 产品成本计算单

产品名称：丙　　2014 年 1 月　　完工产品：100 件

项目	直接材料	直接人工	制造费用	合计
月初在产品成本				
本月费用				
合计				
约当产量				
分配率				
完工产品成本				
月末在产品成本				

产品成本的计算

产品成本是由产品生产过程中企业各个生产单位（车间、分厂）所发生的生产费用形成的。因此，产品成本计算方法与企业生产单位的工艺技术过程和生产组织有紧密的联系。同时，成本核算是成本会计的一个重要组成部分，而成本会计又是会计这一管理活动的一个重要分支，因此，产品成本计算必须满足企业管理方面的要求，即确定产品成本的计算方法必须从企业（企业生产单位）的具体情况出发，充分考虑企业生产经营特点和成本管理的要求。

本模块主要介绍产品成本核算的品种法、分批法和分步法。

项目 8　品种法核算产品成本

项目 9　分批法核算产品成本

项目 10　分步法核算产品成本

项目 8 品种法核算产品成本

项目目标

1. 了解品种法的概念。
2. 理解品种法的特点和适用范围。
3. 掌握品种法成本计算方法的基本程序。
4. 熟练掌握品种法具体计算方法及整个计算过程。

任务 8.1 认识品种法

任务描述

通过对品种法概念、特点和适用范围的学习，能够根据企业情况判断企业应该采用什么样的成本计算方法核算产品成本。

知识准备

一、品种法的概念

品种法是以全厂（或某一封闭式车间）某月份生产的某品种产成品品种为产品计算对象，归集生产费用，计算产品成本的一种方法。

品种法是产品成本计算中一种比较简单的方法，一般运用于大量大批简单生产（单步骤生产）的行业或企业，如发电、自来水生产、原煤原油的开采等。

二、品种法的特点

（一）成本计算对象

品种法以产品品种作为成本计算对象，并据以设置产品成本明细账归集生产费用和计算产品成本。如果企业生产的产品不止一种，就需要以每一种产品作为成本计算对象，分别设置产品成本明细账。

（二）成本计算期

由于大量大批的生产是不间断的连续生产，无法按照产品的生产周期来归集生产费用，计算产品成本，因而只能定期按月计算产品成本，从而将本月的销售收入与产品生产成本配比，计算本月损益。因此，产品成本是定期按月计算的，与报告期一致，与产品生产周期不一致。

（三）生产费用是否需要在完工产品和在产品之间进行分配

如果大量大批的简单生产采用品种法计算产品成本，由于简单生产是一个生产步骤就完成了整个生产过程，所以月末（或者任何时点）一般没有在产品，因此，计算产品成本时不需要将生产费用在完工产品和在产品之间进行分配；如果管理上不要求分步骤计算产品成本的大量大批的复杂生产，采用品种法计算产品成本，由于复杂生产是需要经过多个生产步骤的生产，所以月末（或者任何时点）一般生产线上都会有在产品，因此，计算产品成本时就需要将生产费用在完工产品和在产品之间进行分配。可根据具体情况选择生产费用在完工产品和在产品之间进行分配的各种方法，选择合适的方法进行分配。

三、品种法的适用范围

1）品种法主要适用于大量大批的单步骤生产企业。

2）在大量大批多步骤生产的企业中，如果企业规模较小，而且管理上不要求提供各步骤的成本资料时，也可以采用品种法计算产品成本。

3）企业的辅助生产车间也可以采用品种法计算产品成本。

任务实施

天津华普电器有限公司主要从事空调、冰箱等家用电器的生产和销售，企业规模较小，而且管理上不要求提供各步骤的成本资料，该企业应该采用什么样的成本计算方法核算产品成本？

【分析】 根据天津华普电器有限公司的生产特点，企业规模较小，而且管理上不要求提供各步骤的成本资料，可以采用品种法核算产品成本。

任务8.2 品种法核算产品成本

任务描述

通过对品种法概念和核算程序的学习，能够采用品种法计算企业生产成品成本。

知识准备

一、品种法的概念

产品成本计算的品种法，是按照产品品种归集生产费用、计算产品成本的一种方法。

二、品种法的核算程序

品种法的核算程序就是按产品品种成本计算的基本程序。

1）按产品品种设置基本生产明细账，按产品成本项目设置专栏。同时开设辅助生产明细账，按车间设置制造费用明细账。如果有月初在产品成本，应在基本生产明细账中登记月初在产品成本。

2）根据当月各项生产费用的原始凭证和其他有关资料，编制各要素费用分配表，分配各要素费用。

3）根据各要素费用分配表，登记基本生产成本、辅助生产成本明细账和制造费用明细账。

4）编制辅助生产成本分配表。根据辅助生产明细账所归集的全月费用采用适当方法分配给各受益对象，并据以登记有关成本费用明细账。

5）根据基本车间制造费用账所归集的全月费用编制制造费用分配表，并据以登记各产品的基本生产成本明细账。

6）月末，将基本生产成本明细账所归集的全部生产费用，在完工产品成本与月末在产品成本之间进行分配，确定完工产品成本及月末在产品成本。编制完工产品成本汇总表，计算各种完工产品成本的总成本和单位成本。

任务实施

天津华普电器有限公司有一个基本生产车间，生产空调、冰箱两种产品，要求采用品种法计算空调、冰箱两种产品的产成品成本。假设有一个辅助车间——供电车间，为基本生产车间和管理部门提供电力服务，辅助车间由于规模小不设置“制造费用”账户，对外按提供服务用电量直接分配。该企业 2014 年 1 月的有关资料如下所述。

（1）产量资料（见表 8-1）

表 8-1　空调、冰箱的产量资料

2014 年 1 月　　　　单位：台

产品名称	月初在产品	本月投产	本月完工产品	月末在产品	完工率
空调	100	1100	800	400	50 %
冰箱	200	700	900	0	100 %

（2）月初在产品成本（见表8-2）

表8-2 空调、冰箱的月初在产品成本

2014年1月 单位：元

产品名称	直接材料	直接人工	制造费用	合计
空调	200 000	80 000	20 000	300 000
冰箱	180 000	9 000	11 000	200 000

（3）2013年1月有关生产业务资料

1）材料费用。生产空调耗用I型钢板800 000元，生产冰箱耗用材料I型钢板600 000元，生产空调、冰箱共同耗用II型钢板200 000元。空调材料定额耗用量6 000千克，冰箱材料定额耗用量4 000千克。供电车间耗用材料5 000元，基本生产车间材料一般耗用40 000元，厂部耗用材料20 000元。空调、冰箱共同耗用材料按定额耗用量比例分配。

2）人工费用。本月末结算，生产人员工资592 800元，基本生产车间管理人员工资91 200元，供电车间工人工资102 600元，厂部行政管理人员工资136 800元。生产工人工资按空调、冰箱工时比例分配，空调耗用实际工时6 000小时，冰箱耗用实际工时4000小时。

3）本月计提折旧。本月末计提固定资产折旧费，基本车间计提5 000元，辅助车间计提30 000元，行政管理部门计提20 000元。

4）本月汇集各项货币资金支出。本月用银行存款支付下列费用：基本车间办公费用10 000元；辅助车间办公费用12 000元；管理部门办公费用120 000元；其他3 000元。

5）归集和分配辅助生产费用，辅助生产费用按直接分配法分配。本月供电车间共对外提供电量服务为基本车间8 000瓦·时，行政管理部门2 000瓦·时。

6）制造费用按空调、冰箱工时比例分配，空调耗用实际工时6 000小时，冰箱耗用实际工时4 000小时。

7）按约当产量比例法分配计算本月完工产品成本和月末在产品成本，假设空调、冰箱耗用的材料在生产开始时一次投入。

【分析】 天津华普电器有限公司2014年1月份发生的各项生产费用根据有关原始凭证及相关资料编制成各种费用分配表。

1）根据本月材料领用情况编制材料费用分配表，如表8-3所示。

表8-3 原材料费用分配汇总表

2014年1月

使用部门及用途		成本项目	原材料费用				
			直接计入/元	分配计入			合计/元
				定额消耗量	分配率	分配金额/元	
基本生产车间	空调	直接材料	800 000	6 000	20	120 000	920 000
	冰箱	直接材料	600 000	4 000	20	80 000	680 000
	小计		1 400 000	10 000	20	200 000	1 600 000

续表

使用部门及用途		成本项目	原材料费用				
			直接计入/元	分配计入			合计/元
				定额消耗量	分配率	分配金额/元	
辅助生产车间	供电	一般耗用	50 000				50 000
基本生产车间一般耗用		一般耗用	40 000				40 000
行政管理部门		一般耗用	20 000				20 000
合计			1 510 000			200 000	1 710 000

注：材料费用分配率 $=\dfrac{20\,000}{6+4}=2\,000$。

根据材料费用分配表8-3编制会计分录如下，并登记有关明细账及有关总分类账。

借：生产成本——基本生产成本——空调 920 000
——冰箱 680 000
生产成本——辅助生产成本——供电 50 000
制造费用——基本车间（机物料消耗） 40 000
管理费用 20 000
贷：原材料 1 710 000

2）根据本月工资结算情况编制工资费用分配表，如表8-4所示。

表8-4 工资费用分配表

2014年1月

应借科目		工资			合计/元
		工时	分配率	金额/元	
基本生产成本	空调	6 000		355 680	355 680
	冰箱	4 000		237 120	237 120
	小计	10 000	59.28	592 800	592 800
辅助生产成本				102 600	102 600
制造费用				91 200	91 200
管理费用				136 800	136 800
合计				923 400	923 400

根据工资费用分配表8-4编制会计分录如下，并登记有关明细账及有关总分类账。

借：生产成本——基本生产成本——空调 35 568
——冰箱 23 712
生产成本——辅助生产成本——供电 10 260
制造费用——基本车间（人工费） 9 120
管理费用 13 680
贷：应付职工薪酬——工资 92 340

3）根据本月计提固定资产折旧情况编制固定资产折旧费用分配表，如表 8-5 所示。

表 8-5 固定资产折旧费用分配表

2014 年 1 月　　单位：元

项 目	基本生产车间	辅助生产车间	管理部门	合 计
折旧费	5 000	30 000	20 000	100 000

根据固定资产费用分配表 8-5 编制会计分录如下，并登记有关明细账及有关总分类账。

借：制造费用——基本车间（折旧费）　50 000
　　生产成本——辅助生产成本　30 000
　　管理费用　20 000
　　贷：累计折旧　100 000

4）根据本月汇集的各项货币资金情况，编制各项货币支出的其他费用汇总表，如表 8-6 所示。

表 8-6 各项货币资金费用支出汇总表

2014 年 1 月　　单位：元

应借科目	成本或费用项目	金 额
辅助生产成本	办公费用	12 000
制造费用	办公费用	10 000
管理费用	办公费用	120 000
	其他	3 000
	小计	123 000
合 计		145 000

根据各项货币支出费用汇总表 8-6 编制会计分录如下，并登记辅助生产成本明细账、制造费用明细账及有关总分类账。

借：生产成本——辅助生产成本　12 000
　　制造费用——基本车间（办公费）　10 000
　　管理费用　123 000
　　贷：银行存款　145 000

5）归集和分配辅助生产费用。根据表 8-3～表 8-6，登记辅助生产费用明细账，如表 8-7 所示。

表 8-7 辅助生产成本明细账

供电车间　　2014 年 1 月　　单位：元

年		凭证字号	摘 要	机物料	人工费	折旧费	办公费	其 他	合 计
月	日								
略	略	略	材料费用分配表	50 000					50 000
			人工费用分配表		102 600				102 600
			折旧费用分配表			30 000			30 000
			其他费用分配表				12 000		12 000

续表

年		凭证字号	摘 要	机物料	人工费	折旧费	办公费	其 他	合 计
月	日								
			本月合计	50 000	102 600	30 000	12 000		194 600
			分配转出	50 000	102 600	30 000	12 000		194 600

天津华普电器有限公司采用直接分配法分配辅助生产成本费用。根据本月辅助生产明细账（表8-7），可知本月共发生辅助生产成本194 600元，根据辅助生产成本明细账归集的费用和提供的劳务数量，编制辅助生产费用分配表，如表8-8所示。

表8-8 辅助生产费用分配表

2014年1月

账户名称	费用项目	耗用数量/千瓦·时	分配率	分配额/元
制造费用	电费	8 000		155 680
管理费用	电费	2 000		38 920
合 计		10 000	19.46	194 600

注：表中费用分配率 $=\dfrac{194\ 600}{8\ 000+2\ 000}=19.46$，分配率保留四位小数。

根据辅助生产费用分配表8-8编制会计分录如下，并登记有关明细账及有关总分类账。

借：制造费用——基本车间（电费）　155 680

　　管理费用　38 920

　　贷：生产成本——辅助生产成本　194 600

6）归集和分配基本生产车间制造费用。根据本月已登记的基本生产车间制造费用明细账，如表8-9所示，可知本月共发生制造费用346 880元，按生产工时比例将制造费用分配到空调、冰箱成本中。

表8-9 制造费用明细账

车间名称：基本生产车间　　2014 年1月

年		凭证字号	摘 要	机物料	人工费	折旧费	办公费	电 费	合 计
月	日								
略	略	略	材料费用分配	40 000					40 000
			人工费用分配		91 200				91 200
			折旧费用分配			50 000			50 000
			其他费用分配				10 000		10 000
			辅助车间转入					155 680	155 680
			本月合计	40 000	91 200	50 000	10 000	155 680	346 880
			分配转出	40 000	91 200	50 000	10 000	155 680	346 880

编制制造费用分配表，如表8-10所示。

表 8-10　制造费用分配表

2014 年 1 月

项　目	生产工时	分配率	分配金额/元
空调	6 000		208 128
冰箱	4 000		138 752
合计	10 000	34.688	346 880

注：表中分配率 $=\frac{34\,688}{6\,000+4\,000}=3.4688$，分配率保留四位小数。

根据制造费用分配表 8-10 编制会计分录如下，并登记制造费用明细账、基本生产明账及有关总分类账。

借：生产成本——基本生产成本——空调　　208 128

　　生产成本——基本生产成本——冰箱　　138 752

　贷：制造费用——基本车间　　346 880

7）计算本月完工产品和月末在产品成本。根据前述各项费用归集、登记本月空调生产成本明细账（表 8-14）、冰箱生产成本明细账（表 8-15），计算完工产品的总成本与单位成本，编制产品成本计算单（表 8-11，表 8-12）。

① 计算空调成本，如表 8-11 所示。

表 8-11　产品成本计算单

单位：元

本月完工：800 件

产品名称：空调　　2014 年 1 月　　月末在产品成本：400 件

摘要	直接材料	直接人工	制造费用	合计
月初在产品成本	200 000	80 000	20 000	300 000
本月生产费用	92 000	355 680	208 128	1 483 808
生产费用合计	1 120 000	435 680	228 128	1 783 808
在产品约当产量	400	200	200	
产量合计	1 200	1 000	1 000	
分配率	933.3333	435.68	228.128	
完工产品成本	746 666.4	348 544	182 502.4	1 277 712.8
月末在产品成本	373 333.6	87 136	45 625.6	506 095.2
单位成本	933.33	435.68	228.13	1 597.14

② 计算冰箱成本，如表 8-12 所示。

表 8-12　产品成本计算单

单位：元

本月完工：900 件

产品名称：冰箱　　2014 年 1 月　　月末在产品成本：0 件

摘要	直接材料	直接人工	制造费用	合计
月初在产品成本	180 000	9 000	11 000	200 000
本月生产费用	680 000	237 120	138 752	1 055 872

续表

摘要	直接材料	直接人工	制造费用	合计
生产费用合计	860 000	246 120	149 752	1 255 872
在产品约当产量				
产量合计	900	900	900	
分配率				
完工产品成本	860 000	246 120	149 752	1 255 872
月末在产品成本	0	0	0	0
单位成本	955.56	273.47	166.39	1 395.42

③ 根据成本计算单（表 8-11、表 8-12），编制完工产品成本汇总表，如表 8-13 所示。

表 8-13　完工产品成本汇总表

2014 年 1 月　　单位：元

产成品		数量	直接材料	直接人工	制造费用	合计
空调	总成本	800	746 666.4	348 544	182 502.4	1 277 712.8
	单位成本		933.33	435.68	228.13	1 597.14
冰箱	总成本	900	860 000	246 120	14 975.2	1 255 872
	单位成本		955.56	273.47	166.39	1 395.42

根据完工产品成本汇总表 8-13 编制会计分录如下，并登记基本生产成本明细账，如表 8-14、表 8-15 所示。

借：库存商品——空调　　1 277 712.8
　　库存商品——冰箱　　1 255 872.0
　贷：基木生产成本——空调　　1 277 712.8
　　　基本生产成本——冰箱　　1 255 872.0

表 8-14　基本生产成本明细账

产品：空调　　2014 年 1 月　　单位：元

年		凭证	摘要	直接材料	直接人工	制造费用	合计
月	日						
1	1	略	月初在产品成本	200 000	80 000	20 000	300 000
	略	略	分配材料费用	920 000			920 000
	略	略	分配工资费用		355 680		355 680
	略	略	分配制造费用			208 128	208 128
1	31		生产费用合计	1 120 000	435 680	228 128	1 783 808
1	31		结转完工产品成本	746 666.4	348 544	182 502.4	1 277 712.8
1	31		月末在产品成本	373 333.6	87 136	45 625.6	506 095.2

表 8-15　基本生产成本明细账

产品：冰箱　　2014 年 1 月　　单位：元

年		凭证	摘要	直接材料	直接人工	制造费用	合计
月	日						
1	1	略	月初在产品成本	180 000	9 000	11 000	20 000
	略	略	分配材料费用	680 000			68 000
	略	略	分配工资费用		237 120		23 712
	略	略	分配制造费用			138 752	138 752
1	31		生产费用合计	860 000	246 120	149 752	1 255 872
1	31		结转完工产品成本	860 000	246 120	149 752	1 255 872
1	31		月末在产品成本				

项 目 测 试

一、简答题

1．产品成本计算的品种法有什么特点？

2．简述品种法的适用范围。

3．运用品种法计算产品成本的程序如何？

4．为什么说品种法是成本计算的最基本方法？

二、判断题

1．品种法一般适用于计算大量大批多步骤生产的产品成本。（　　）

2．品种法的成本计算期与产品生产周期一致。（　　）

3．品种法是产品成本计算的最基本方法。（　　）

4．产品成本计算的品种法是以产品品种为成本计算对象，归集生产费用、计算产品成本的一种方法。（　　）

5．品种法是按月定期计算产品成本的。（　　）

三、选择题

1．品种法的特点是（　　）。

A．不分批计算产品成本　　B．不分步骤计算产品成本

C．既分品种又分步骤计算产品成本　　D．只分品种计算产品成本

2．如果企业只生产一种产品，那么发生的费用（　　）。

A．全部是直接计入费用

B．需要将生产费用进行分配后计入

C．全部是间接计入费用

D．部分是直接计入费用，部分是间接计入费用

3．品种法的成本计算期是（　　）。

A．按月定期　　B．与产品生产周期不一致

C．不定期　　D．与会计报告期一致

4．下面对品种法正确的表述有（　　）。

A．以产品品种作为成本计算对象

B．是产品成本计算的最基本方法

C．可用于大量单步骤生产产品的企业

D．一般要计算月末在产品成本

5．下列企业中，适合运用品种法计算产品成本的有（　　）。

A．发电厂　　B．小型水泥厂

C．造船厂　　D．纺织厂

四、实训题

1．天津华普电器有限公司有一个基本生产车间生产空调、冰箱两种产品，要求用品种法核算产品成本。假设生产所需材料在生产开始时一次投入，月末在产品完工程度50%，设有供水、机修两个辅助生产车间为全厂提供劳务，辅助生产车间提供的劳务采用直接分配法，辅助生产车间不设置“制造费用”账户。有关资料如表 8-16 和表 8-17 所示。

表 8-16　产量资料　　单位：件

产品名称	月初在产品	本月投产	本月完工产品	月末在产品
空调	80	1 000	1 080	
冰箱	100	1 000	980	120

表 8-17　月初在产品成本　　单位：元

产品名称	直接材料	直接人工	制造费用
空调	10 000	8 000	2 000
冰箱	12 000	3 460	2 540

本月发生费用如下。

1）本月耗用材料情况。编制材料费用分配表（空调、冰箱共同耗用材料费按定额耗用量比例分配）如表 8-18 所示。

表 8-18　本月材料费用　　单位：元

领料用途	直接领用	共同耗用	材料定额耗用量/千克
空调	50 000		6
冰箱	48 000		2
小计	98 000	10 000	
基本车间耗费	5 000		

续表

领料用途	直接领用	共同耗用	材料定额耗用量/千克
供水车间	8 000		
机修车间	9 000		
合计	120 000	10 000	

2）本月工资情况。编制工资费用分配表（生产工人工资按空调、冰箱生产工时比例分配，空调工时 2 000，冰箱工时 3 000），如表 8-19 所示。

表 8-19　本月工资费用　　单位：元

人员	工资
产品生产工人	22 800
供水车间人员	11 400
机修车间人员	10 260
基本车间管理人员	9 120
行政管理人员	13 680
合计	67 260

3）本月固定资产使用情况。计提本月折旧，编制折旧费用分配表，如表 8-20 所示。

表 8-20　折旧费用　　单位：元

使用部门	固定资产原值	年折旧率	上月新增固定资产	上月减少固定资产
基本生产车间	400 000	4 %	80 000	
供水车间	120 000	4 %		
机修车间	48 000	4 %		
行政部门	240 000	4 %		
合计	808 000		80 000	

4）本月与生产有关的货币资金支出。编制货币资金支出汇总表，如表 8-21 所示。

表 8-21　货币资金　　单位：元

部　门	办公费用	其他费用	合计
基本生产车间	3 000	600	3 600
供水车间	1 000		1 000
机修车间	800		800
合计	4 800	600	5 400

5）辅助车间相关劳务供应量。按直接分配法编制辅助生产费用分配表，如表 8-22 所示。

表 8-22　辅助生产费用

受益部门	供水车间/吨	机修车间 / 小时
基本生产车间	4 000	2 000
供水车间		50
机修车间	100	
管理部门	1 000	500

6）按产品生产工时分配制造费用，编制制造费用分配表。

7）计算产品成本，编制完工产品成本汇总表，结转完工产品成本。

要求：根据有关资料编制原始凭证（各种费用分配表），编制记账凭证，登记与成本有关的辅助生产成本明细账、基本车间制造费用明细账、基本生产成本空调明细账、基本生产成本冰箱明细账。

2. 天津华普电器有限公司生产空调、冰箱两种产品，采用品种法计算产品成本，2014 年 2 月份的生产费用资料如下。

（1）材料费用

根据 2 月份材料领用凭证汇总的材料费用（按实际成本计算）：空调原材料费用 68 000 元；冰箱原材料费用 58 600 元。

基本生产车间：消耗材料 3 100 元，修理费 1 900 元，劳动保护费 800 元。

机修车间：修理领用材料 2 850 元。

企业管理部门：修理费 2 260 元，其他费用 1 400 元。

原材料费用分配汇总表如表 8-23 所示。

表 8-23　原材料费用分配汇总表

年　月　　　　单位：元

应 借 账 户		成本或费用项目	金　额
基本生产成本	空调	直接材料	
	冰箱	直接材料	
	小计		
制造费用		消耗用材料	
		修　理　费	
		劳动保护费	
		小　　计	
辅助生产成本		直接材料	
		小　　计	
管理费用		修　理　费	
		其　　他	
		小　　计	
合　计			

（2）工资费用

根据2月份工资结算凭证汇总的工资费用如下。

基本生产车间：生产工人工资8 600元，管理人员工资920元，

机修车间：车间人员工资4 800元。

企业管理部门：管理人员工资3 600元。

该厂规定，基本生产车间生产工人工资在空调、冰箱两种产品之间按产品的实用工时比例分配。实用工时为空调9 000时，冰箱8 200小时。工资费用通过工资分配汇总表分配，如表8-24所示。

表8-24 工资费用分配汇总表

年 月 单位：元

应借账户		工资			
		生产工人		其他人员	合计
		工时	分配金额（分配率： ）		
基本生产成本	空调				
	冰箱				
	小计				
辅助生产成本					
制造费用					
管理费用					
合计					

（3）折旧费用

2月份应计提的折旧费用为基本生产车间4 050元，机修车间2 280元，企业管理部门2 600元，固定资产折旧费分配表如表8-25所示。

表8-25 固定资产折旧费分配表

年 月 单位：元

部门 费用项目	生产车间		管理部门	合计
	基本生产车间	辅助生产车间		
折旧费				

（4）各项货币资金支出

根据2月份付款凭证汇总的各项货币资金支出（为简化计算工作，各项货币资金均为全月汇总的金额，并假定均用银行存款支出）如下。

基本生产车间：办公费1 200元，水费460元，差旅费3 400元，运输费1 800元，其他费用2 600元。

机修车间：办公费1 600元，水费380元，其他费用2 600元。

其他费用汇总表如表8-26所示。

表 8-26 其他费用汇总表

天津华普电器有限公司 年 月 单位：元

部门		费用项目	金额
基本生产车间		办公费	
		水电费	
		差旅费	
		运输费	
		其他	
		小 计	
辅助生产车间	机修车间	办公费	
		水电费	
		其他	
		小 计	
合 计			

（5）辅助生产费用

该厂规定，辅助生产车间的制造费用不通过“制造费用”账户核算，辅助生产费用按直接分配法计算分配。机修车间为全厂提供修理劳务工时 10 000 小时，其中：基本生产车间 8 100 小时，企业管理部门 1 900 小时。辅助生产成本明细账、辅助生产费用分配表如表 8-27 和表 8-28 所示。

表 8-27 辅助生产成本明细账

车间名称：机修车间 单位：元

2014 年		凭证号数	摘要	费用项目						
月	日			材料费	工资费用	办公费	水电费	折旧费	其他	合计

表 8-28 辅助生产费用分配表（直接分配法）

年 月

辅助车间名称			机修车间	合计
供应劳务金额（元）				
供应劳务数量（小时）				
单位成本（分配率）				
基本车间	修理	耗用数量		
		分配金额		
企业管理部门	修理	耗用数量		
		分配金额		

注：分配率保留四位小数。

（6）制造费用

该厂规定，制造费用按产品的实用工时比例，在空调、冰箱产品之间进行分配。制造费用明细账、制造费用分配表如表 8-29 和表 8-30 所示。

表 8-29 制造费用明细账

车间名称：基本生产车间 单位：元

2013 年		凭证号数	摘要	办公费	水费	差旅费	工资	折旧费	消耗材料	修理费	劳动保护费	运输费	其他	合计
月	日													

表 8-30 制造费用分配表

年 月 单位：元

应借账户		成本项目	实用工时	分配率	应分配金额
基本生产成本	空调	制造费用			
	冰箱	制造费用			
	小计				

注：分配率保留四位小数。

（7）完工产品和月末在产品

该厂空调、冰箱均为一次性投料，具体情况如表 8-31 所示。

表 8-31 产品产量统计表

单位：件

产品名称	本月产量	期末在产品	
		数量	完工程度/%
空调	580	120	50
冰箱	390	60	80

空调 2 月初在产品成本为直接材料 21 000 元，直接人工费 2 400 元，制造费用 3 900 元，合计 27 300 元。

冰箱 2 月初在产品成本为：直接材料 16 000 元，直接人工费 1 900 元，制造费用 4 100 元，合计 22 000 元。

产品成本计算单、完工产品成本汇总表及生产成本明细账如表 8-32～表 8-36 所示。

表 8-32 产品成本计算单 单位：元

年 月 本月完工：

产品名称： 月末在产品：

摘要	直接材料	直接人工	制造费用	合计
月初在产品成本				
本月生产费用				
生产费用合计				
在产品约当产量				
产量合计				
分配率				
完工产品成本				
月末在产品成本				
单位成本				

表 8-33 产品成本计算单 单位：元

年 月 本月完工：

产品名称： 月末在产品：

摘要	直接材料	直接人工	制造费用	合计
月初在产品成本				
本月生产费用				
生产费用合计				
在产品约当产量				
产量合计				
分配率				

续表

摘要	直接材料	直接人工	制造费用	合计
完工产品成本				
月末在产品成本				
单位成本				

表 8-34 完工产品成本汇总表

年 月 单位：元

产成品		数量/件	直接材料	直接人工	制造费用	合计
空调	总成本					
	单位成本					
冰箱	总成本					
	单位成本					

表 8-35 生产成本明细账

生产车间：基本生产车间 产品名称：空调 单位：元

年		凭证字号	摘　　要	直接材料	直接人工	制造费用	合计
月	日						

表 8-36 生产成本明细账

生产车间：基本生产车间 产品名称：冰箱 单位：元

年		凭证字号	摘　　要	直接材料	直接人工	制造费用	合计
月	日						

项目 9 分批法核算产品成本

项目目标

1. 理解分批法的特点。
2. 明确分批法的优缺点和适用范围。
3. 掌握产品成本分批法的核算程序并能熟练地运用。

任务 9.1　认识分批法

任务描述

通过对分批法概念、特点和适用范围的学习，能够判断企业应采用什么样的成本计算方法计算产品成本。

知识准备

一、分批法的概念

成本计算的分批法，就是按照产品的批别为成本计算对象，开设成本明细账，归集生产费用，计算产品成本的一种方法。采用这种方法，每批产品的数量通常是根据定货单位的产品订单（或合同）确定，产品批别往往与产品的订单（或合同）一致，所以，分批法也称为订单法。

二、分批法的特点

（一）以产品批别为成本计算对象

单件小批生产的企业通常根据购货单位的订单组织生产，因此分批法以各批产品的批别或订单作为其成本计算对象。当客户的一张订单包括几种产品，或虽然只生产一种产品但数量较大不便一次性投产时，企业可根据实际情况将其划分成较小的批别，分批投产；如果不同客户或购买单位都订购同一产品，且数量不多，企业可将其合并为一批组织生产。

某批产品发生的直接费用，应当根据有关的原始凭证或分配表，直接记入该批产品成本明细账的有关成本项目中；对不能记入各批别产品成本明细账中的间接费用，则应按照一定的方法先在各受益批别产品之间进行分配，然后再记入各批别产品成本明细账的有关成本项目。

（二）成本计算期与产品生产周期一致，但与会计报告期不一致

采用分批法计算产品成本的企业，各批产品仍按月归集生产费用，但也只有在该批产品或订单产品全部完工时，才能计算其成本。因此，采用分批法计算产品成本是不定期的，产品成本的计算期与其所计算的某批次或订单产品的生产周期是一致的。

（三）生产费用月末一般不需要在完工产品和在产品之间进行分配

由于成本计算期与产品的生产周期一致，因此在计算月末在产品成本时，一般不存在完工产品与在产品之间分配成本的问题。各批产品所归集的生产费用，若月末全部完工，这些生产费用即为该批完工产品的成本；若全部未完工，所归集的生产费用即为该批产品的月末在产品成本。

三、分批法的适用范围

分批法的优点是简化了间接费用的分配和登记工作，核算简单；缺点是不能完整地反映各批未完工在产品成本，影响各月产品成本计算的正确性。

分批法主要适用于单件、小批量生产的企业，如造船企业、重型机器制造企业、精密仪器制造企业、服装企业等，也可用于一般企业中的新产品试制或试验的生产、在建工程及设备修理作业等。

任务实施

天津华美服装有限公司主要从事运动服、工作服及休闲服的生产，该公司设有裁剪车间、缝制车间、整装车间三个基本生产车间。企业根据客户订单组织生产，属于小批量的多步骤生产企业，公司不要求分步骤计算产品成本。那么该企业应采用什么样的成本计算方法计算产品成本呢？

【分析】 根据天津华美服装有限公司的生产特点，该公司属于小批量生产企业，应采用分批法计算产品成本。

任务9.2 核算产品成本

任务描述

通过对产品成本分批法计算程序的学习，能够采用分批法计算完工产品成本。

知识准备

产品成本分批法的计算程序如图 9-1 所示。

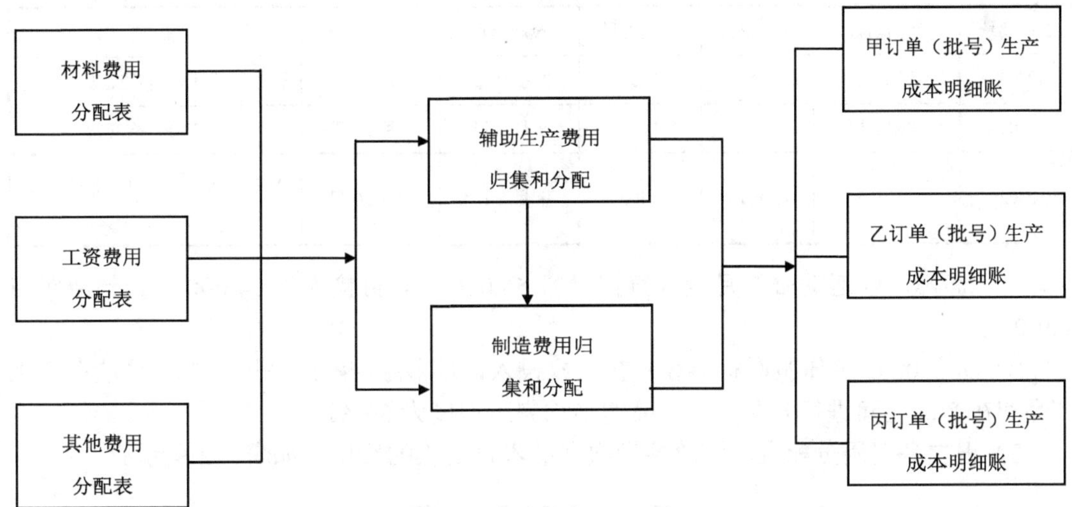

图 9-1　分批法成本计算程序

1）按产品批别设置产品基本生产成本明细账、辅助生产成本明细账，账内按成本项目设置专栏。按车间设置制造费用明细账。

2）根据各生产费用的原始凭证或原始凭证汇总表和其他有关资料，编制各种要素费用分配表，分配各要素费用并登记。

对于直接计入费用，应按产品批别列示并直接记入各个批别的产品成本明细账；对于间接计入费用，应按生产地点归集，并按适当的方法分配记入各个批别的产品成本明细账。

在分批法下，特别强调按批别或订单归集生产费用。因此，各批或各订单产品直接耗用的材料、人工费用等，都要在有关原始凭证上注明生产批号（生产通知单）和订单号，以便将各项生产费用归集、整理后，直接记入相应的基本生产成本明细账中的“直接材料”和“直接人工”等成本项目。对于辅助生产费用和制造费用，则需要按照发生地点和用途先进行归集，然后按照收益原则采用适当的方法分别记入相应的各基本生产成本明细账中相应的成本项目。

3）月末根据完工批别产品的完工通知单，将记入已完工的该批产品的成本明细账所归集的生产费用，按成本项目汇总，计算出该批完工产品的总成本和单位成本，并转账。如果出现批内产品跨月陆续完工并已销售或提货的情况，应采用适当的方法将生产费用在完工产品和月末在产品之间分配，计算出该批已完工产品的总成本和单位成本。

任务实施

天津华美服装有限公司产品生产业务通知单如表 9-1 所示，根据生产业务通知单，按生产批号设置天津华美服装有限公司的基本生产成本明细账。

表 9-1 生产任务通知单

2014 年 8 月 1 日

生产批号	产品名称	计量单位	生产批量	投产日期	完工日期	备注
0704	运动服	套	1500	7 月 15 日	8 月 31 日	完工时一次交货
0801	休闲西服	件	1000	8 月 1 日	8 月 31 日	完工时一次交货
0802	工作服	套	4500	8 月 1 日	9 月 30 日	8 月末完工 2 000 件，9 月完工 2 500 件

1）批号 0704 运动服 7 月投入直接材料 56 000 元，直接人工 34 000 元，制造费用 8 300 元。

2）批号 0802 工作服原材料 8 月初一次投入，月末生产费用采用约当产量法在完工产品和在产品之间进行分配，在产品的平均完工程度为 50%。

3）根据各费用分配表，汇总各批次产品本月发生的费用，如表 9-2 所示。

表 9-2 生产费用汇总表

2014 年 8 月 31 日　　单位：元

生产批号	直接材料	直接人工	制造费用	合计
0704	67 000	38 000	12 000	117 000
0801	130 000	47 000	34 000	211 000
0802	250 000	68 000	56 000	374 000

采用分批法计算完工产品成本。

【分析】 第一步：根据表 9-1、表 9-2，登记各批基本生产成本明细账，如表 9-3～表 9-5 所示。

表 9-3 基本生产成本明细账　　单位：元

生产批号：0704　　投产日期：7 月 15 日

产品名称：运动服　批量 1500 套　　完工日期：8 月 31 日

2014 年		凭证	摘要	直接材料	直接人工	制造费用	合计
月	日						
8	1	略	月初在产品成本	56 000	34 000	8 300	98 300
8	31	略	分配材料费用	67 000			67 000
	31	略	分配工资费用		38 000		38 000
	31	略	分配制造费用			12 000	12 000
8	31		生产费用合计	123 000	72 000	20 300	215 300
8	31		结转完工产品成本	123 000	72 000	20 300	215 300

表9-4 基本生产成本明细账

单位：元

生产批号：0801　　投产日期：8月1日

产品名称：休闲西服　批量1000件　　完工日期：8月31日

2014年		凭证	摘要	直接材料	直接人工	制造费用	合计
月	日						
8	1	略	分配材料费用	130 000			130 000
	1	略	分配工资费用		47 000		47 000
	1	略	分配制造费用			34 000	34 000
8	31		生产费用合计	130 000	47 000	34 000	211 000
8	31		结转完工产品成本	130 000	47 000	34 000	211 000

表9-5 基本生产成本明细账

单位：元

生产批号：0802　　投产日期：8月1日（本月完工2 000件）

产品名称：工作服　批量4500件　　完工日期：9月30日（9月完工2 500件）

2014年		凭证	摘要	直接材料	直接人工	制造费用	合计
月	日						
8	1	略	分配材料费用	250 000			250 000
	1	略	分配工资费用		68 000		68 000
	1	略	分配制造费用			56 000	56 000
8	31		生产费用合计	250 000	68 000	56 000	374 000
8	31		结转完工产品成本	111 111.20	41 846.20	34 461.60	187 419
8	31		月末在产品成本	250 000	31 000	26 000	307 000

第二步：根据基本生产成本明细账，编制产品成本计算单，如表9-6～表9-8所示。

表9-6 产品成本计算单

2014年8 月31日

单位：元

生产批号：0704　　投产日期：7月15日

产品名称：运动服　批量1500套　　完工日期：8月31日

摘要	直接材料	直接人工	制造费用	合计
月初在产品成本	56 000	34 000	8 300	98 300
本月生产费用	67 000	38 000	12 000	117 000
生产费用合计	123 000	72 000	20 300	215 300
完工产品成本	123 000	72 000	20 300	215 300
单位成本	82	48	13.53	143.53

表 9-7 产品成本计算单

2014 年 8 月 31 日　　单位：元

生产批号：0801　　投产日期：8 月 1 日

产品名称：休闲西服　批量 1 000 件　　完工日期：8 月 31 日

摘要	直接材料	直接人工	制造费用	合计
月初在产品成本	0	0	0	0
本月生产费用	130 000	47 000	34 000	211 000
生产费用合计	130 000	47 000	34 000	211 000
完工产品成本	130 000	47 000	34 000	211 000
单位成本	130	47	34	211

表 9-8 产品成本计算单

2014 年 8 月 31 日　　单位：元

生产批号：0802　　投产日期：8 月 1 日（本月完工 2 000 件）

产品名称：工作服　批量 4500 件　　完工日期：9 月 30 日（9 月完工 2 500 件）

摘要	直接材料	直接人工	制造费用	合计
月初在产品成本	0	0	0	0
本月生产费用	250 000	68 000	56 000	374 000
生产费用合计	250 000	68 000	56 000	374 000
在产品约当产量	2 500	1 250	1 250	2 500
产量合计	4 500	3 250	3 250	11 000
分配率	55.5556	20.9231	17.2308	93.7095
完工产品成本	111 111.20	41 846.20	34 461.60	187 419
在产品成本	138 888.80	26 153.80	21 538.40	186 581
单位成本	55.56	20.92	17.23	93.71

第三步：根据产品成本计算单，结转完工产品成本，编制会计分录。

借：库存商品——运动服　215 300
　　　　　——休闲西服　211 000
　　　　　——工作服　187 419
　贷：基木生产成本——运动服　215 300
　　　　　　　——休闲西服　211 000
　　　　　　　——工作服　187 419

项 目 测 试

一、判断题

1. 分批法是以产品的批别或订单为成本计算对象的一种方法。
2. 分批法适用于小批、单件产品生产，多步骤生产在管理上不要求分步骤计算成本。
3. 采用分批法计算产品成本时，按产品的类别计算成本。

4. 分批法进行成本计算时，月末在产品成本的计算通常不需要在完工产品与月末在产品之间分配生产费用。

5. 分批法的成本计算应定期进行，成本计算期与某批次或订单产品的生产周期也应保持一致。

二、单项选择题

1. 分批法的成本计算对象的确定通常是根据（　　）。
   A. 用户订单　B. 产品品种　C. 客户要求　D. 生产任务通知单
2. 分批法一般是按客户的订单来组织生产的，所以也称为（　　）。
   A. 订单法　B. 系数法　C. 分类法　D. 定额法
3. 小批、单件生产的产品，适宜采用的成本计算方法是（　　）。
   A. 品种法　B. 分批法　C. 分步法　D. 分类法
4. 下列属于成本计算分批法的特点的是（　　）。
   A. 成本核算对象是产品的品种
   B. 成本计算期与产品生产周期基本一致，但与财务报告期不一致
   C. 产品成本计算是定期的
   D. 成本计算期与产品的生产周期基本不一致
5. 下列不属于分批法产品成本计算程序的是（　　）。
   A. 按产品品种设置生产成本明细账（产品成本计算单）
   B. 按产品批别归集和分配本月发生的各项费用
   C. 计算完工产品总成本和单位成本
   D. 结转完工产品成本
6. 分批法适用于（　　）。
   A. 小批单件生产　B. 小批大量生产
   C. 大批大量单步骤生产　D. 大批大量多步骤生产
7. 对于成本核算计算的分批法，下列说法正确的有（　　）。
   A. 不存在完工产品与在产品之间费用分配问题
   B. 成本计算期与会计报告期一致
   C. 适用于小批、单件、管理上不要求分步骤计算成本的多步骤生产。
   D. 以上说法全正确
8. 某企业采用分批法计算产品成本，6月1日投产甲产品5件，乙产品3件；6月13日投产甲产品4件，乙产品4件，丙产品3件；6月26日投产甲产品6件。该产品6月应开设产品成本明细账的张数是（　　）张。
   A. 3　B. 5　C. 4　D. 6

三、多项选择题

1. 分批法适用于（　　）。
   A. 单件生产的企业　B. 小批生产的企业　C. 新产品的试制

D．工业性修理作业　　　　　　E．辅助生产车间的工具制造

2. 下列企业中，可采用分批法计算产品成本的企业有（　　）。

A．食品厂　　　　　　B．船舶制造厂　　　　　　C．服装厂

D．重型机械厂　　　　E．专用设备厂

3. 分批法的特点是（　　）。

A．按产品的批别计算成本　　　　　B．计算产品的生产步骤成本

C．间接费用在月末必须全部进行分配　　D．成本计算期与会计报告期不同

E．通常不存在生产费用在完工产品与月末在产品之间分配的问题

4. 按生产批号设置基本生产成本明细账时需要填写的内容有（　　）。

A．订货单位　　B．投产日期　　C．完工日期　　D．产品批号

四、业务题

某企业生产甲、乙、丙三种产品，生产组织属于小批多步骤生产，采用分批法计算成本。2014 年 6 月份各生产批别情况和生产费用支出资料如下。

（1）本月生产情况。

601 号甲产品 8 件，5 月 2 日投产。6 月底已全部完工验收入库，累计生产工时 5 000 小时。

602 号乙产品 15 件，5 月 9 日投产，6 月尚未完工，累计生产工时 4 000 小时。

603 号丙产品 20 台，6 月 1 日投产，6 月 30 日已完工 8 台。本月实际生产工时 3 000 小时。

（2）各批产品月初在产品成本，（表 9-9）。

表 9-9　各批产品月初在产品成本

2014 年 6 月　　　　　　单位：元

批号	直接材料	直接人工	制造费用	合计
601	15 000	4 500	3 500	23 000
602	28 000	7 000	6 000	41 000

（3）本月发生生产费用

本月投入原材料 35 000 元，全部为 603 号丙产品耗用。本月产品生产工人职工薪酬 14 000 元；制造费用总额 9 500 元。

（4）单位产品定额成本

603 号丙产品，本月完工产品数量为 8 件，为简化核算，完工产品按定额成本转出，每件定额成本为直接材料 1 800 元、直接人工 260 元、制造费用 140 元，合计 2 200 元。

要求：根据上述资料，采用分批法，登记基本生产成本明细账，计算各批产品的完工成本和月末在产品成本，。并编制有关会计分录。

计算步骤如下。

1）按产品批别开设基本生产明细账，如表 9-10～表 9-12 所示。

表 9-10 基本生产成本明细账 单位：元

生产批号：601 投产日期：5 月

产品名称：甲产品 批量 8 件 完工日期：6 月

2014 年		凭证	摘要	直接材料	直接人工	制造费用	合计
月	日						

表 9-11 基本生产成本明细账 单位：元

生产批号：602 投产日期：5 月

产品名称：乙产品 批量 15 件 完工日期： 月

2014 年		凭证	摘要	直接材料	直接人工	制造费用	合计
月	日						

表 9-12 基本生产成本明细账 单位：元

生产批号：603 投产日期：6 月

产品名称：丙产品 批量 20 台 完工日期：本月完工 8 台

2014 年		凭证	摘要	直接材料	直接人工	制造费用	合计
月	日						

2）编制 603 号丙产品耗用原材料的会计分录并记入生产成本明细账。

3）采用生产工时分配法在各批产品之间分配本月发生的直接人工费用、制造费用，如表9-13和表9-14所示，根据分配结果编制会计分录并记入有关基本生产成本明细账。

表9-13 职工薪酬分配表

2014年6月

产品	生产工时/小时	分配率	分配金额/元
601号甲产品			
602号乙产品			
603号丙产品			
合计			

表9-14 制造费用分配表

2014年6月

产品	生产工时/小时	分配率	分配金额/元
601号甲产品			
602号乙产品			
603号丙产品			
合计			

4）编制产品成本计算单，计算本月完工产品成本和在产品成本，编制结转完工产品的会计分录。603号丙产品本月少量完工，其完工产品成本按定额成本结转。

项目10 分步法核算产品成本

项目目标

1. 理解分步法的特点。
2. 明确分步法的适用范围。
3. 掌握产品成本逐步结转分步法的核算程序和计算方法。
4. 掌握产品成本平行结转分步法的核算程序和计算方法。
5. 能根据企业生产特点和管理要求，选择正确的成本计算方法，完成成本计算，提供准确的成本信息。

任务10.1 认识分步法

任务描述

通过对分步法概念、特点和适用范围的学习，能够根据企业生产情况分析企业应采用什么样的成本计算方法计算产品成本。

知识准备

一、分步法的概念

分步法是产品成本计算分步法的简称，是以产品生产步骤和各生产步骤的半成品或产成品为成本计算对象，归集和分配生产费用，计算产品成本的一种方法。

二、分步法的特点

（一）以各生产步骤和产品品种为成本计算对象

采用分步法计算产品成本时，以各个生产步骤和产品品种作为成本计算对象，按每个生产步骤的各种产品设置基本生产成本明细账。如果只生产一种产品，成本计算对象就是该种产品及其各生产步骤，基本生产成本明细账按产品生产步骤设置；如果同一步骤生产多种产品时，成本计算对象就是各种产品及其各生产步骤，则基本生产成本明细账不仅要分步骤，而且还要分产品品种设置。

在实际工作中，成本计算各步骤与实际的生产步骤并非完全一致。为了简化核算，可以只对管理上要求分步计算成本的生产步骤设置产品成本明细账，单独计算产品成本。

（二）成本计算期与会计报告期一致，各步骤成本定期于月末计算

在大批大量多步骤生产的企业，各生产步骤都在持续地进行生产，材料不断地投入，产品也不断地产出，月末始终保持一定数量的在产品和完工产品，所以成本计算在月末进行，并与会计报告期一致，但与生产周期不一致。

（三）月末生产费用需要在完工产品与在产品之间分配

在大批大量多步骤生产的企业，每月都有大量完工产品，同时也经常存在未完工的在产品。所以在月末计算产品成本时，各生产步骤都需要采用适当的分配方法，将归集在各生产成本明细账的生产费用，在完工产品与在产品之间进行分配。

三、分步法的适用范围

分步法主要适用于大批大量的多步骤生产，管理上又要求提供生产步骤成本信息的产品生产，如机器制造企业的生产通过制造、加工、装配等步骤，冶金企业的生产通过炼铁、炼钢、轧钢等步骤，纺织企业的生产通过纺纱、织布、印染等步骤，造纸可分为制浆、造纸、包装等步骤。这些企业各生产步骤的半成品可对外销售或虽不对外销售但管理上需要提供各步骤半成品成本的，均可应用分步法计算产品成本。

在实际工作中，根据成本管理对各生产步骤成本资料的要求（是否要计算半成品成本）和简化核算的要求，分步法又可分为逐步结转分步法和平行结转分步法两种方法。其中，逐步结转分步法按照各步骤半成品成本结转方法的不同又可分为综合结转分步法和分项结转分步法两种。

任务实施

天津星光有限公司是一家造纸企业，产品需要经过制浆和造纸两个步骤加工，制浆生产车间将原材料加工成纸浆，交给造纸车间加工成各种纸张。属于大批大量的多步骤生产企业。那么该企业应采用什么样的成本计算方法计算产品成本呢？

【分析】 根据天津星光有限公司的生产特点，该公司属于大量大批的多步骤生产企业，因此应采用分步法计算产品成本。

任务10.2 逐步结转分步法核算产品成本

任务描述

通过对逐步结转分步法的概念、特点、适用范围、优缺点和结转方式的学习，能够根据企业生产情况分析企业应采用什么样的成本计算方法计算产品成本。

知识准备

一、逐步结转分步法的概念

逐步结转分步法也称为顺序结转分步法，它是按照产品连续加工的先后顺序，根据生产步骤所汇集的成本、费用和产量记录，计量自制半成品成本，自制半成品成本随着半成品在各加工步骤之间移动而顺序结转的一种方法。逐步结转分步法是为了分步计算半成品成本而采用的一种分步法，因此也称为计算半成品成本分步法。

二、逐步结转分步法的特点

1）成本计算对象是最终完工产品和各步骤的半成品。各生产步骤的半成品成本随实物转移而转移，即上一步骤半成品成本，要随着半成品实物的转移而转移到下一步生产步骤的半成品成本或产成品成本中。半成品转入下一步骤生产的方式有通过仓库收发转入和不通过仓库收发转入两种。

半成品不通过半成品仓库收发时，逐步结转分步法成本计算的一般程序如图 10-1 所示。

图 10-1　逐步结转分步法成本计算的一般程序（不设自制半成品仓库）

半成品通过半成品仓库收发时，逐步结转分步法成本计算的一般程序如图 10-2 所示。

2）成本计算期是每月的会计报告期。连续式复杂生产下必然进行大批量生产，无法划分生产周期，因此只能以每月作为成本计算期。

3）必须分步骤确定在产品成本，计算半成品成本和最终完工产品成本，在产品成本明细账按生产步骤及半成品（最后步骤为产成品）进行设置，各生产步骤明细账归集的费用包括本步骤自身发生的费用和上一步骤完工的半成品成本。

4）是否进行成本还原，要根据成本结转时采用的具体方法确定。

5）逐步结转分步法下的在产品只是狭义的在产品，不包括各步骤已经完工的半成品，只包括在各步骤加工的在产品。

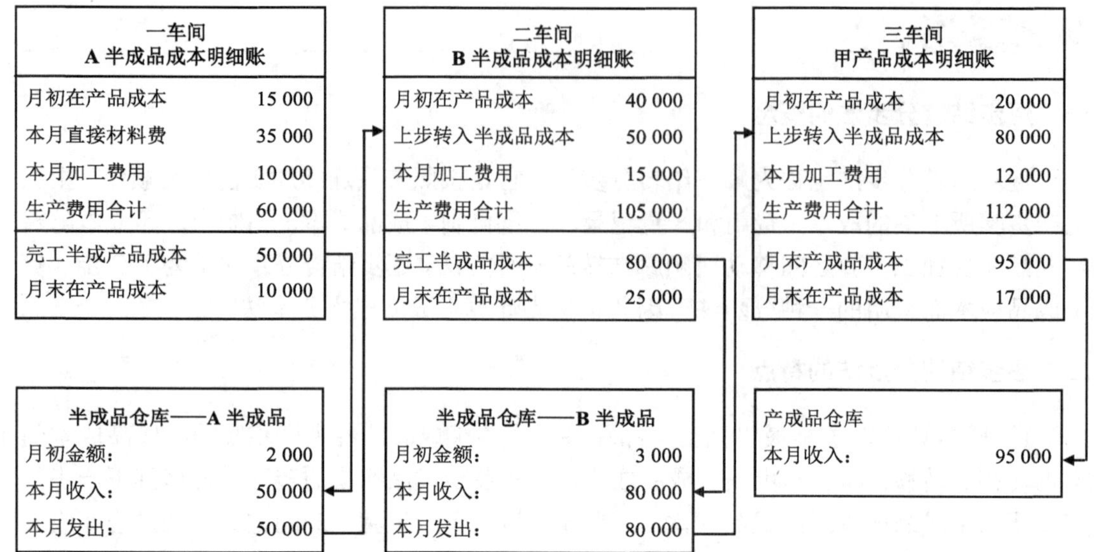

图 10-2 逐步结转分步法成本计算的一般程序（设自制半成品仓库）

三、逐步结转分步法的适用范围

多步骤复杂生产的大批量生产企业可以运用逐步结转分步法，具体有下列企业。

1）半成品可对外销售或半成品虽不对外销售但必须进行比较考核的企业，如纺织企业的棉纱、坯布，冶金企业的生铁、钢锭、铝锭，化肥企业的合成氨等半成品。

2）一种半成品同时转做几种产成品原料的企业，如生产钢铸件、铜铸件的机械企业，生产纸浆的造纸企业。

3）实行承包经营责任制的企业，对外承包必然在内部也要承包或逐级考核，需要计算各步骤的半成品成本。

四、逐步结转分步法的优缺点

逐步结转分步法的优点如下。

1）采用逐步结转分步法计算产品成本，由于其实物结转与半成品的成本结构相一致，有利于加强对生产资金的管理。

2）可以为各步骤消耗半成品，同行业进行半成品成本的对比、企业内部成本分析和考核等提供了半成品成本资料。

逐步结转分步法的缺点如下。

1）按实际成本计价结转时虽然比较准确，但影响了成本计算的及时性，不利于考核和分析各步骤成本的升降原因。按计划成本计价结转时，虽然能克服按实际成本计价的缺点，但要进行半成品成本差异的计算和调整。

2）采用综合结转法需进行成本还原，计算工作较为复杂。虽然为避免进行成本还原可采用分项结转法，但转账手续比较烦琐。

五、逐步结转分步法的结转方式

在逐步结转分步法下，按照半成品成本结转到下一步骤生产成本明细账中的反映方法的不同，可以分为综合结转分步法和分项结转分步法。

（一）综合结转分步法核算产品成本

1. 综合结转分步法的概念

所谓综合结转分步法是指上一生产步骤的半成品成本转入下一生产步骤时，不分成本项目，而是以“自制半成品”或“直接材料”综合项目记入下一生产步骤成本计算单的方法。

2. 综合结转分步法的方法

半成品成本的综合结转，可以按照生产步骤所产半成品的实际成本结转，也可以按照企业确定的半成品计划成本(或定额成本)结转。

（1）半成品按实际成本综合结转

采用这种方法结转时，“自制半成品”综合项目，在半成品全部从上步骤直接转入下步骤的条件下，就按本月上步骤完工半成品总成本登记，在半成品从上步骤不全部直接转入下步骤或通过半成品仓库收发的条件下，就要根据所耗半成品的数量乘以半成品的单位成本计算。库存半成品单位成本可以采用先进先出法以及加权平均法等方法确定。

（2）半成品按计划成本综合结转

采用这种结转方法，自制半成品日常收发的明细核算均按计划成本计价，在半成品实际成本计算出来后，再以实际成本与计划成本对比，计算半成品成本差异额和差异率，调整领用半成品的计划成本。采用这种方法，自制半成品明细账的“收入”、“发出”和“结存”栏以及从第二步骤开始的产品成本计算单中的“自制半成品”项目都设置了“计划成本”、“实际成本”和“成本差异”专栏，这里的半成品成本差异率、差异额的计算与原材料按计划成本核算条件下的材料成本差异额、差异率的计算完全相同，就不再列举。

本书主要介绍半成品按实际成本综合结转的方法。

3. 综合结转分步法的优缺点

综合结转分步法的优点是可以在各步骤的产品成本明细账中反映各步骤完工产品所耗用半成品费用的水平和本步骤加工费用的水平，有利于各个步骤的成本管理。缺点是为了从整个企业的角度反映产品成本的构成，加强企业综合的成本管理，必须进行成本还原，从而增加核算的工作量。所以，这种结转方法只适合在管理上要求计算各步骤完工产品所耗半成品费用，而不要求进行成本还原的情况下使用。

4. 综合结转分步法的成本还原

成本还原是指将产成品中所包含的耗用各步骤自制半成品的综合成本，逐步分解还原为原来的成本项目。成本还原的方法是从最后步骤开始，将其耗用上步骤自制半成品的综合成本逐步分解，还原为原来的成本项目。

采用综合逐步结转分步法，转账时较为简单，但不能提供按原项目反映的核算资料，这样成本计算的步骤越多，最后一个步骤成本计算单上“自制半成品”成本项目的成本在产品成本中的比重越大，就不能提供按原始成本项目反映的产品成本的构成，提供的完工产品各成本项目的资料就越不真实。因此，为了从整个企业角度分析和考核产品成本的构成，应将综合结转法计算出的产品成本进行成本还原，即将产品成本还原为按原始成本项目反映的成本。

成本还原的方法两种：按定额成本构成比例还原和按半成品成本还原率还原。

按定额成本构成比例还原时，不管成本计算分为多少步骤，成本还原都是一步完成的，故其最大优点就是简单。这种方法适用于定额管理基础较好，定额资料比较准确、齐全的企业。

按半成品成本还原率还原是将本月产成品耗用上一步骤半成品的综合成本，按本月所生产这种半成品成本结构进行还原。采用这种方法进行成本还原的计算程序如下：

1）计算成本还原分配率是指产成品成本中半成品成本占上一步骤所产该种半成品总成本的比重，其计算公式为

$$成本还原分配率=\frac{本月产品成本中包含的某一步骤成品的综合成本}{本月所产该种半成品综合成本}$$

2）计算半成品成本还原，它是用成本还原分配率乘以本月生产该种半成品成本项目的金额，其计算公式为

半成品成本还原＝本月生产该种半成品成本项目金额×成本还原分配率

3）计算还原后产品成本，它是用还原前产品成本加上半成品成本还原计算的，其计算公式为

还原后产品成本＝还原前产品成本＋半成品成本还原

4）如果成本计算需经两个以上的步骤，则需重复1）～3）步骤进行再次的还原，直至还原到第一步骤为止。

例如，某工业企业设有三个基本车间和一个辅助车间。第一车间投入原材料后生产A半成品，交第二生产车间继续加工，第二车间将A半成品加工生产成B半成品，第三生产车间将B半成品继续加工成甲产品。为简化核算，各车间完工的半成品直接转交下一车间加工，不通过半成品库收发。A、B半成品月初无库存，原材料或半成品在各步骤开始生产时一次性投入，各步骤的加工程度逐步发生，各步骤月末在产品的完工程度均为50%。该企业2014年7月初产量及费用资料如表10-1～表10-3所示。

表 10-1　产量资料表　　单位：件

项　目	月初在产品	本月投入	本月完工	月末在产品
第一车间	40	315	245	110
第二车间	45	245	210	80
第三车间	60	210	250	20

表 10-2　期初在产品成本表　　单位：元

项目	直接材料	自制半成品	直接人工	制造费用	合计
第一车间	3 500		690	1 300	5 490
第二车间		4 300	430	1 380	6 110
第三车间		18 191.4	7 100	3 950	29 241.4
合计	3 500	22 491.4	8 220	6 630	40 841.4

表 10-3　本月生产费用表　　单位：元

项　目	直接材料	直接人工	制造费用	合　计
第一车间	32 000	6 800	9 200	48 000
第二车间		10 850	10 630	21 480
第三车间		21 500	19 450	40 950
合计	32 000	39 150	39 280	110 430

要求：采用综合结转分步法计算产品成本，并进行成本还原。

分析：根据表 10-1～表 10-3 资料，采用综合结转分步法计算产品成本，进行成本还原如表 10-4～表 10-11 所示。

表 10-4　生产成本明细账

车间名称：第一步骤　　完工产量：245 件

产品名称：A 半成品　　2014 年 7 月　　金额单位：元

项　目	直接材料	直接人工	制造费用	合　计
月初在产品成本	3 500	690	1 300	5 490
本月生产费用	32 000	6 810	9 200	48 010
合计	35 500	7 500	10 500	53 500
单位产品成本	100	25	35	160
完工半成品成本	24 500	6 125	8 575	39 200
月末在产品成本	11 000	1 375	1 925	14 300

① 第一车间成本计算

直接材料＝35 500÷（245＋110）＝100

直接人工＝7 500÷（245＋110×50%）＝25

制造费用＝10 500÷（245＋110×50%）＝35

根据完工入库半成品成本作如下会计分录：

借：生产成本——基本生产成本——第二车间　　39 200

　　贷：生产成本——基本生产成本——第一车间　　39 200

表 10-5 半成品明细分类账

名称：A 半成品　　单位：元

摘要	收入			发出			结存		
	数量/件	单价	金额	数量/件	单价	金额	数量/件	单价	金额
期初余额									
一车间交库	245	160	39 200						
二车间领用				245	160	39 200			

表 10-6 生产成本明细账

车间名称：第二步骤　　完工产量：210 件

产品名称：B 半成品　　2014 年 7 月　　金额单位：元

项　目	自制半成品	直接人工	制造费用	合　计
月初在产品成本	4 300	430	1 380	6 110
本月生产费用	39 200	10 850	10 630	60 680
合　计	43 500	11 280	12 010	66 790
单位产品成本	150	45.12	48.04	243.16
完工半成品成本	31 500	9 475.20	10 088.40	51 063.60
月末在产品成本	12 000	1 804.80	1 921.60	15 726.40

②第二步骤成本计算

直接材料＝43 500÷（210＋80）=150

直接人工＝11 280÷（210＋80×50%）＝45.12

制造费用＝12 010÷（200＋80×50%）＝48.04

根据完工入库半成品成本作如下会计分录：

借：生产成本——基本生产成本——第三车间　　51 063.6

　　贷：生产成本——基本生产成本——第二车间　　51 063.6

表 10-7 半成品明细分类账

名称：B 半成品　　单位：元

摘要	收入			发出			结存		
	数量/件	单价	金额	数量/件	单价	金额	数量/件	单价	金额
期初余额									
二车间交库	210	243.16	51 063.6						
三车间领用				210	243.16	51 063.6			

表 10-8　生产成本明细账

车间名称：第三步骤　　　　　　　　　　　　　　　　完工产量：250 件

产品名称：甲产品　　　　　　　2014 年 7 月　　　　　　　金额单位：元

项　目	自制半成品	直接人工	制造费用	合　计
月初在产品成本	18 191.4	7 100	3 950	29 241.40
本月生产费用	51 063.60	21 500	19 450	92 013.60
合　计	69 255	28 600	23 400	121 255
单位产品成本	256.5	110	90	456.50
完工半成品成本	64 125	27 500	22 500	114 125
月末在产品成本	5 130	1 100	900	7 130

③ 第三步骤成本计算

直接材料＝69 255÷（250＋20）＝256.50

直接人工＝28 600÷（250＋20×50%）＝110

制造费用＝23 400÷（250＋20×50%）＝90

根据完工入库产成品成本作如下会计分录：

借：库存商品——甲产品　　　　　　　　　　　114 125

　　贷：生产成本——基本生产本——B 半成品　　　　　114 125

④ 成本还原

表 10-9　各步骤成本计算的结果　　　　单位：元

成本项目 生产步骤	半成品	直接材料	直接人工	制造费用	合计
第一步骤半成品成本		24 500	6 125	8 575	39 200
第二步骤半成品成本	31 500		9 475.20	10 088.40	51 063.60
第三步骤半成品成本	64 125		27 500	22 500	114 125

a. 按定额成本构成比例还原

表 10-10　产品成本还原计算表

产品名称：甲产品　　　　2014 年 7 月　　　　产量：250 件　　　　单位：元

成本项目	定额成本构成比重/%	还原金额	总后步骤加工总成本	还原后产成品总成本
直接材料	40	25 650		25 650
直接人工	30	19 237.5	27 500	46 737.5
制造费用	30	19 237.5	22 500	41 737.5
合计	100	64 125	50 000	114 125

b. 按半成品成本还原率还原

表 10-11 产品成本还原计算表

产品名称：甲产品　　2014年7月　　产量：250件　　单位：元

行次	摘要	还原分配率	B半成品	A半成品	直接材料	直接人工	制造费用	合计
1	还原前产品成本		64 125			27 500	22 500	114 125
2	第二步骤半成品成本			31 500		9 475.20	10 088.4	51 063.6
3	第一次成本还原（分配率×第2行）	1.2558		39 558		11 899	12 668	64 125
4	第一步骤半成品成本				24 500	6 125	8 575	39 200
5	第二次成本还原（分配率×第4行）	1.009			24 721	6 180	8 657	39 558
6	还原后产成品总成本（1＋3＋5）				24 721	45 579	43 825	114 125
7	还原后产成品单位成本				98.88	182.32	175.3	456.5

第一次还原分配率＝64 125÷51 063.6＝1.2558；第二次还原分配率=39 558÷39 200=1.009

（二）分项结转分步法核算产品成本

1. 分项结转分步法的概念

分项结转分步法是将各生产步骤所耗上一步骤的半成品成本，按其成本项目分别记入各生产步骤产品生产成本计算单相同的成本项目内，以计算按成本项目反映的各步骤产品生产成本的方法。采用这种方法时，如果半成品是通过半成品库收发，其自制半成品明细账必须按成本项目设专栏登记。

2. 分项结转分步法的方法

分项结转可以按实际成本结转，也可以按计划成本结转，然后按成本项目分项调整成本差异。由于后一种作法计算工作量较大，因而一般多采用按实际成本分项结转的方法。

3. 分项结转分步法的优缺点

分项结转分步法的优点是可直接正确地提供按原始成本项目反映的产品成本资料，便于企业从整体上考核和分析产品成本计划的执行情况，同时可以进行同行业成本的比对，不需要进行成本还原。缺点是成本结转工作较复杂，而且在各步骤完工产品成本中看不出所耗上一步骤半成品的费用和本步骤加工费用的水平，不便于进行各步骤完工产品成本分析。因此，这种结转方法一般适用于管理上不要求分别提供各步骤完工产品所耗半成品费用和本步骤加工费用资料，但要求按原始成本项目反映产品成本的企业。

例如，某企业有三个基本生产车间，大量生产乙产品，其生产过程是：原材料在第一车间一次性投入，并将原材料加工成 A 半成品；第二车间将 A 半成品加工成 B 半成品；第三车间将 B 半成品加工成乙产品。各车间没有半成品库存。2014 年 7 月各车间的产量纪录和成本资料如表 10-12～表 10-14 所示。

表 10-12　产量纪录表

项　目	计量单位	第一车间	第二车间	第三车间
月初在产品	件	60	160	140
本月投产	件	1 040	980	1 020
本月完工	件	980	1 020	1 060
月末在产品	件	120	120	100
完工程度		60%	50%	40%

表 10-13　期初在产品成本表　　单位：元

项目	直接材料	直接人工	制造费用	合计
第一车间	11 160	1 440	1 700	14 300
第二车间	15 080	7 400	9 760	32 240
第三车间	12 040	5 600	7 000	24 640

表 10-14　本月生产费用表　　单位：元

项　目	直接材料	直接人工	制造费用	合　计
第一车间	148 340	23 808	24 600	196 748
第二车间		46 600	85 280	131 880
第三车间		24 100	24 900	49 000

要求：采用分项结转分步法计算产品成本。

分析：根据表 10-12～表 10-14 资料，计算产品成本如表 10-15～表 10-17 所示。

表 10-15　生产成本明细账

车间名称：第一车间　　完工产量：980 件

产品名称：A 半成品　　2014 年 7 月　　金额单位：元

项　目	直接材料	直接人工	制造费用	合　计
月初在产品成本	11 160	1 440	1 700	14 300
本月生产费用	148 340	23 808	24 600	196 748
合计	159 500	25 248	26 300	211 048
单位产品成本	145	24	25	194
完工半成品成本	142 100	23 520	24 500	190 120
月末在产品成本	17 400	1 728	1 800	2 028

① 第一车间基本生产成本计算

直接材料=159 500÷（980+120）=145

直接人工=25 248÷（980+120×60%）=24

制造费用=26 300÷（980+120×60%）=25

表 10-16 生产成本明细账

车间名称：第二车间　　　　完工产量：1020 件

产品名称：B 半成品　　　　2014 年 7 月　　　　金额单位：元

项　目	直接材料	直接人工	制造费用	合　计
月初在产品成本	15 080	7 400	9 760	32 240
上步骤转入费用	142 100	23 520	24 500	190 120
本月生产费用		46 600	85 280	131 880
合计	157 180	77 520	119 540	354 240
单位产品成本	137.88	71.78	110.69	320.35
完工半成品成本	140 637.6	73 215.6	112 903.8	326 757
月末在产品成本	16 542.4	4 304.4	6 636.2	27 483

② 第二车间基本生产成本计算

直接材料=157 180÷（1020+120）=137.88

直接人工=77 520÷（1020+120×50%）=71.78

制造费用=119 540÷（1020+120×50%）=110.69

表 10-17 生产成本明细账

车间名称：第三车间　　　　完工产量：1060 件

产品名称：乙产品　　　　2014 年 7 月　　　　金额单位：元

项　目	直接材料	直接人工	制造费用	合　计
月初在产品成本	12 040	5 600	7 000	24 640
上步骤转入费用	140 637.6	73 215.6	112 903.8	326 757
本月生产费用		24 100	24 900	49 000
合计	152 677.6	102 915.6	144 803.8	400 397
单位产品成本	131.62	93.56	131.64	356.82
完工半成品成本	139 517.2	99 173.6	139 538.4	378 229.2
月末在产品成本	13 160.4	3 742	5 265.4	22 167.8

③ 第三车间基本生产成本的计算

直接材料=152 677.6÷（1060+100）=131.62

直接人工=102 915.6÷（1060+100×40%）=93.56

制造费用=144 803.8÷（1060+100×40%）=131.64

任务实施

天津棉纺公司主要的生产车间有前纺车间、纺纱车间、后纺车间和织布车间等。

棉纺公司生产出来的各种纱线、布匹提供给服装生产企业，服装企业制作出各种不同款式、不同面料的衣服。作为成本岗位会计人员应如何根据纱线和布匹的生产工艺流程选择适当的成本计算方法呢？

【分析】 根据棉纺公司的生产特点，该公司属于大量大批的多步骤生产企业，该企业生产的产品布料要经过若干生产步骤的逐步加工，前面各步骤生产的都是半成品，只有最后步骤生产的才是产成品。棉纺公司不仅要计算产成品成本，还要计算各步骤半成品成本，因此棉纺公司应采用逐步结转分步法计算产品成本。

任务 10.3　平行结转分步法核算产品成本

任务描述

通过对平行结转分步法的概念及核算流程、特点、适用范围和优缺点的学习，能够根据企业生产情况分析企业应采用什么样的成本计算方法计算产品成本。

知识准备

一、平行结转分步法的概念及核算流程

在采用分步法的大量大批多步骤生产的企业中，有的企业各生产步骤所产半成品的种类很多，但并不需要计算半成品成本。为了简化和加快成本计算工作，在计算各步成本时，不计算各步骤所产半成品成本，也不计算各步骤所耗上一步骤的半成品成本，而只计算本步骤发生的各项费用及这些费用中应计入产成品成本的份额。将相同产品的各步骤成本明细账中的这些份额平行结转、汇总，即可计算出该种产品的产成品成本。这种结转各步骤成本的方法，称为平行结转分步法，也称为不计算半成品成本分步法。

平行结转分步法其核算程序如图 10-3 所示。

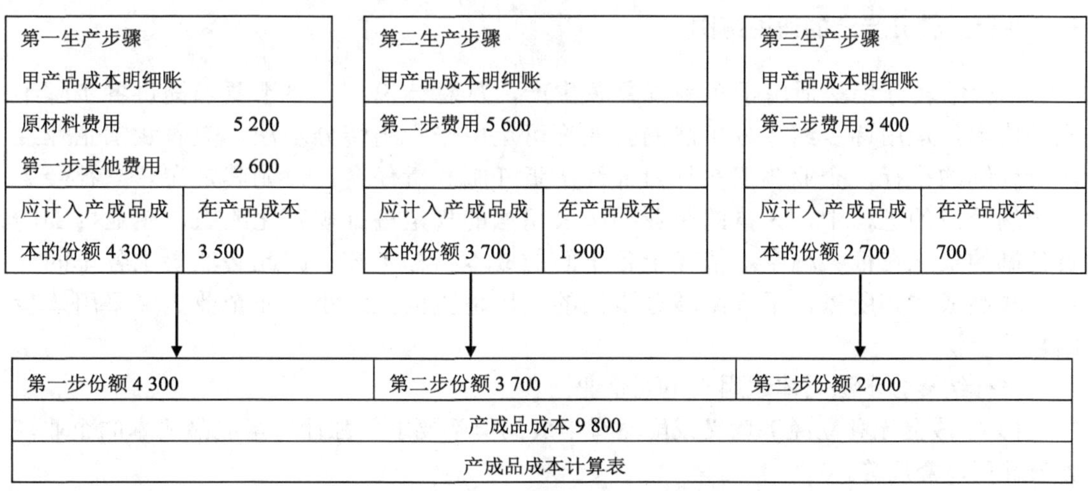

图 10-3　平行结转分步法核算程序

平行结转分步法核算流程如下。

1）按产品生产步骤和产品品种开设基本生产成本明细账，各步骤成本明细账按成本项目归集本步骤发生的生产费用（不包括耗用上一步骤半成品的成本）。

2）月终，将各步骤归集的生产费用在狭义完工产品（即产成品）与广义在产品之间进行分配，计算各步骤应计入产品成本的费用份额。

3）将各步骤生产费用总额减去本步骤应计入产品成本的费用份额，即为本步骤期末在产品成本。

4）将各步骤应计入产品成本的费用份额平行相加汇总后，得出产成品总成本，除以完工产品数量，即为单位成本。

二、平行结转分步法的特点

从成本核算程序中，可以看出平行结转分步法有以下特点。

1）各生产步骤不计算半成品成本，只计算本步骤所发生的生产费用。除第一步骤生产费用中包括所耗用的原材料和加工费用以外，其他各步骤只计算本步骤发生的各项加工费用。

2）各步骤之间不结转半成品成本，不通过“自制半成品”账户进行总分类核算。半成品实物流转与半成品成本的结转相分离。

3）为了计算各生产步骤发生的费用中应计入产成品的份额，必须将每一步骤发生的费用划分为耗用在产成品部分和尚未最后制成的在产品部分。这里的在产品，包括尚未在本步骤加工的在产品；本步骤已完工转入半成品仓库的半成品；已从半成品仓库转到以后步骤进一步加工、尚未最后制成的半成品。

4）将各步骤费用中应计入产成品的份额，平行结转、汇总，计算该种产品的总成本和单位成本。

5）平行结转分布法的成本计算期一般在月末进行，成本计算期与会计报告期一致，与生产周期不一致。

三、平行结转分步法的适用范围

平行结转分步法适用于多步骤复杂生产，从总体说，只要不要求提供各步骤半成品成本，运用逐步结转分步法的企业都可运用平行结转分步法。随着我国企业经济责任制的推行，企业普遍实行内部经济责任制和责任会计，尤其是在建立社会主义市场经济的进程中，大量的企业要按公司法的规定进行规范化改组，企业内部的责任制的实施在很大程度上依赖于各车间的成本指标考核，因此必然要求各车间计算半成品成本。所以，平行结转分步法的运用范围大大缩小，而企业更多采用逐步结转分步法。

平行结转分步法具体适用于下列企业：

1）半成品无独立经济意义或虽然有半成品但不要求单独计算半成品成本的企业，如砖瓦厂、瓷厂等。

2）一般不计算零配件成本的装配式复杂生产企业，如大批量生产的机械制造企业。

四、平行结转分步法的优缺点

平行结转分步法的优缺点如下。

1）各生产步骤月末可以同时进行成本计算，不必等待上一步骤半成品成本的结转，从而加快了成本计算工作的速度，缩短了成本计算的时间。

2）能直接提供按原始成本项目反映的产品成本的构成，有助于进行成本分析和成本考核。

3）半成品成本的结转同其实物结转脱节，各步骤成本计算单上的月末在产品成本与实际结存在该步骤的在产品成本就不一致，因此，不利于加强对生产资金的管理。

任务实施

新华行远制造有限公司主要生产强力牌液压机，公司设有三个基本车间和一个辅助车间。原材料在铸造车间生产开始时一次投入，机加工、装配车间不再投料。各车间月末在产品完工率均为50%。各车间生产费用在完工产品和在产品之间的分配采用约当产量法。该公司2014年12月初及本月费用资料如表10-18所示，12月份的产量情况如表10-19。要求采用平行结转分步法计算产品成本。

表 10-18　各车间月初及本月费用

单位：元

摘　要		直接材料	直接人工	制造费用	合计
铸造车间	月初在产品成本	5 000	1 300	800	7 100
	本月的生产费用	18 400	3 200	2 400	24 000
机加工车间	月初在产品成本		1 200	920	2 120
	本月的生产费用		3 200	4 800	8 000
装配车间	月初在产品成本		1 180	1 060	2 240
	本月的生产费用		3 450	2 550	6 000

表 10-19　各车间产量资料表

单位：件

摘　要	铸造车间	机加工车间	装配车间
月初在产品数量	40	50	40
本月投产数量或上步转入数量	180	160	180
本月完工产品数量	160	180	200
月末在产品数量	60	30	20

【分析】

采用平行结转法计算强力牌液压机的生产成本，计算过程如下。

1）编制各生产步骤的约当产量的计算表，如表10-20所示。

某步骤完工产品数量与在产品约当产量合计（约当产量）＝该步骤月初半成品数量＋本月完工半成品数量＋该步骤狭义在产品约当产量

该步骤月初半成品数量是指本步骤已经完工而停留在以后步骤需要进一步加工的

在产品数量（即以后步骤的月初在产品数量）和停留在半成品仓库的数量之和。

表 10-20 各生产步骤约当产量的计算表

摘 要	直接材料	直接人工	制造费用
第一车间步骤的约当总产量	310 （400＋160＋60＋50）	250 （40＋50＋160＋60×50%）	280
第二车间步骤的约当总产量	250 （180＋30＋40）	235 （180＋30×50%＋40）	235
第三车间步骤的约当总产量	220 （200＋20）	210 （200＋20×50%）	210

2）编制各生产步骤的成本计算单，如表 10-21～表 10-23 所示。

$$\text{该步骤半成品单位成本}=\frac{\text{该步骤月初在产品成本}+\text{该步骤本月发生费用}}{\text{该步骤约当总产量}}$$

$$\begin{matrix}\text{各步骤费用应计入}\\\text{产成品成本的份额}\end{matrix}=\begin{matrix}\text{产品}\\\text{数量}\end{matrix}\times\begin{matrix}\text{单位产成品耗用该}\\\text{步骤半成品数量}\end{matrix}\times\begin{matrix}\text{该步骤半成}\\\text{品单位成本}\end{matrix}$$

表 10-21 产品成本计算单

车间：铸造车间　　品名：液压机（半成品）　　单位：元

摘 要	直接材料	直接人工	制造费用	合计
月初在产品成本	5 000	1 300	800	7 100
本月发生费用	18 400	3 200	2 400	24 000
合计	23 400	4 500	3 200	31 100
第一步骤的约当产量	310	280	280	
分配率	75.48	16.07	11.43	
应计入产成品成本份额	15 096	3 214	2 286	20 596
月末在产品成本	8 304	1 286	914	10 504

表 10-22 产品成本计算单

车间：机加工车间　　品名：液压机（半成品）　　单位：元

摘 要	直接人工	制造费用	合计
月初在产品成本	1 200	920	2 120
本月发生费用	3 200	4 800	8 000
合计	4 400	5 720	10 1200
第二步骤约当产量	235	235	
分配率	18.72	24.34	
应计入产成品成本份额	3 744	4 868	8 612
月末在产品成本	656	852	1 508

表 10-23 产品成本计算单

车间：装配车间　　品名：液压机　　单位：元

摘　　要	直接人工	制造费用	合计
月初在产品成本	1 180	1 060	2 240
本月发生费用	3 450	2 550	6 000
合计	4 630	3 610	8 240
第三步骤约当产量	210	210	
分配率	22.05	17.19	
应计入产成品成本份额	4 410	3 438	7 848
月末在产品成本	220	172	392

3）编制产品成本汇总表如表 10-24 所示。

表 10-24 产品成本汇总计算表

产品名称：液压机　　单位：元

项目	数量/件	直接材料	直接人工	制造费用	总成本	单位成本
铸造车间		15 096	3 214	2 286	20 596	102.98
机加工车间			3 744	4 868	8 612	43.06
装配车间			4 410	3 438	7 848	39.24
合计	200	15 096	11 368	10 592	37 056	185.28

根据产品成本汇总计算表和产品成品计算单，编制结转完工入库产品生产成本的会计分录如下：

借：库存商品——液压机　　37 056
　贷：基本生产成本——铸造车间　　20 596
　　　　　　　　——机加工车间　　8 612
　　　　　　　　——装配车间　　7 848

项 目 测 试

一、单项选择题

1．按产品生产步骤归集生产费用，计算各种产品各步骤产品成本的计算方法是（　　）。

A．品种法　B．分批法　C．分步法　D．分类法

2．分步法的成本计算期一般在（　　）。

A．月初　B．产品生产周期　C．产品完工时　D．月末

3．分步法成本计算对象是（　　）。

A．各种产品的品种和生产步骤　　B．产品的品种

C．产品的类别　　D．产品的批别

4．下列可采用分步法计算产品成本的企业是（　　）。

A．造船厂　　B．发电厂

C．重型机器厂　　D．纺织厂

5．管理上要求分步计算半成品成本时，应采用（　　）。

A．分类法　　B．平行结转分步法

C．分批法　　D．逐步结转分步法

6．下列各种分步法中，半成品成本随着实物转移而结转的方法是（　　）。

A．按实际成本综合结转法　　B．按计划成本综合结转法

C．平行结转分步法　　D．逐步结转分步法

7．成本还原的对象是（　　）。

A．产成品成本

B．各步骤所耗用上一步骤半成品的综合成本

C．最后步骤产成品成本

D．各步骤半成品成本

8．采用逐步结转分步法，按照半成品在下一步骤成本明细账中反映方式的不同，可以分为（　　）。

A．综合结转法和平行结转法

B．平行结转法和分项结转法

C．综合结转法和分项结转法

D．实际成本结转法和计划成本结转法

9．分项结转分步法的缺点是（　　）。

A．需要进行成本还原

B．不能提供原始项目的成本资料

C．成本结转工作比较复杂

D．不便于加强各生产步骤的成本管理

10．下列方法中，属于不计算半成品成本的分步法的是（　　）。

A．逐步结转法　　B．平行结转法

C．综合结转法　　D．分项结转法

二、多项选择题

1．下列属于产品成本计算分步法生产费用的分配特点的是（　　）。

A．月末生产费用需在完工产品与在产品之间进行分配

B．不计算在产品成本

C．各步骤之间需要进行成本结转

D．可以不设半成品明细账

2．产品成本计算分步法包括（　　）。

A．逐步结转分步法　　B．综合结转分步法

C．分项结转分步法　　D．平行结转分步法

3．逐步结转分步法按半成品成本在下一步骤成本计算单中反映方法的不同，可以分为（　　）。

A．平行结转　　B．综合结转

C．分项结转　　D．汇总结转

4．分步法适用于（　　）。

A．大量生产　　B．大批生产

C．多步骤生产　　D．单步骤生产

5．需要计算半成品成本的分步法是（　　）。

A．逐步结转法　　B．平行结转法

C．综合结转法　　D．分项结转法

6．采用综合结转法的优点是（　　）。

A．有利于各个生产步骤的成本管理

B．可以反映各步骤的加工费用水平

C．可以反映各步骤所耗半成品费用水平

D．便于同行业间产品成本对比分析

7．采用分步法时，作为成本计算对象的生产步骤可以是（　　）。

A．按生产车间设置　　B．按实际生产步骤设置

C．在一个车间内按不同生产步骤设置　　D．将几个车间合并设置

8．在分步法中，相互对称的结转方法有（　　）。

A．逐步结转与分项结转　　B．综合结转与平行结转

C．逐步结转与平行结转　　D．综合结转与分项结转

9．采用逐步结转分步法，按照结转的半成品本在下一步骤产品成本明细账中的反映方法，分为（　　）。

A．综合结转法　　B．分项结转法

C．按实际成本结转法　　D．按计划成本结转法

10．按实际成本综合结转半成品成本的缺点是（　　）。

A．领用半成品按实际单位成本计算烦琐

B．各步骤不能同时计算成本

C．不能直接反映产品成本原始成本构成

D．成本还原工作量大

11．下列情况下要求进行成本还原的是（　　）。

A．各步骤半成品按实际成本结转

B．各步骤半成品按计划成本结转

C．各步骤半成品成本结转采用综合结转法

D．管理要求从整个企业角度考核和分析产品成本的构成和水平

12．采用分项结转法结转半成品的优点是（　　）。

A．可以直接、正确地提供按原始成本项目反映的产品成本资料

B．便于从整个企业角度考核和分析产品成本计划的执行情况

C．不必成本还原，减轻工作量

D．可以提供耗用上一步骤半成品成本水平

三、判断题

1. 产品成本分步法是产品生产步骤归集生产费用，计算各种产品各步骤产品成本的一种方法。（　　）

2. 分步法适用于连续的简单生产企业中大批量生产步骤单一的产品生产。（　　）

3. 分步法的成本计算对象是各种产品品种和生产步骤。（　　）

4. 在大批大量的多步骤生产中，为了加强各生产步骤的成本管理，往往不仅要求按照产品品种计算成本，而且还要求按照生产步骤计算成本。（　　）

5. 采用平行结转分步法，各生产步骤不计算半成品成本。（　　）

6. 逐步结转分步法实际上就是品种法的多次连续应用。（　　）

7. 采用分项结转分步法，第一步骤以后的各步骤产品成本明细账，应将“本月耗用半成品费用”单独列示。（　　）

8. 采用综合结转分步法，半成品成本不随实物的转移而转移。（　　）

9. 采用分项结转半成品成本，在各步骤完工产品成本中可以反映出所耗上一步骤中的费用和各步骤加工费用的水平。（　　）

10. 采用逐步结转分步法，如果半成品成本按综合结转，就必须进行成本还原。（　　）

11. 综合结转分步法下的成本还原，以第一个生产步骤作为起点。（　　）

12. 采用逐步结转分步法，完工产品与在产品之间的费用分配是指在产成品与广义在产品之间的费用分配。（　　）

13. 采用分步法，产品成本明细账按产品生产步骤和产品品种设置。（　　）

14. 采用分步法时，无论是综合结转还是分项结转，第一个步骤是设置成本明细账。（　　）

15. 产品成本计算的分步法均应逐步结转半成品成本，最后计算出完工产品成本。（　　）

四、业务题

1. 某工业企业设有三个基本车间和一个辅助车间。第一车间投入原材料后生产 A 半成品，交第二生产车间继续加工，第二车间将 A 半成品加工生产成 B 半成品，第三生产车间将 B 半成品继续加工成甲产品。为简化核算，各车间完工的半成品直接转交下一车间加工，不通过半成品库收发。原材料或半成品在各步骤开始生产时一次投入，各步骤的加工程度逐步发生，各步骤月末在产品的完工程度均为 50%。A、B 半成品月初

无库存。该企业 2014 年 7 月初产量及费用资料如表 10-25～表 10-27 所示。

表 10-25 产量资料表 单位：件

项 目	月初在产品	本月投入	本月完工	月末在产品
第一车间	10	100	98	12
第二车间	10	98	90	18
第三车间	20	90	100	10

表 10-26 期初在产品成本表 单位：元

项目	直接材料	自制半成品	直接人工	制造费用	合计
第一车间	1 400		800	530	2 730
第二车间		1 710	799	949	3 458
第三车间		8 850	900	510	8 410

表 10-27 本月生产费用表 单位：元

项 目	直接材料	直接人工	制造费用	合 计
第一车间	14 000	3 360	4 150	21 510
第二车间		7 022	5 090	12 112
第三车间		6 300	4 500	10 800

要求：

（1）采用综合结转分步法计算产品成本，并采用分配率法进行成本还原。（自己开设生产成本明细账）

（2）采用分项结转分步法计算产品成本。（自己开设生产成本明细账）

2. 某厂设有 2 个生产步骤。第一步骤生产甲半成品，第二步骤将甲半成品加工成乙产成品，原材料在加工开始时一次投入。各加工步骤狭义在产品的加工程度均为 75%，月末在产品成本按约当产量法计算，生产资料和期初在产品及生产费用资料如表 10-28 和表 10-29 所示。

表 10-28 6 月份各加工步骤产量表 单位：件

项目	第一步骤	第二步骤
期初在产品数量	60	40
本月投入数量	400	420
本月产出数量	420	440
月末在产品数量	40	20

表 10-29 6 月份各加工步骤成本表 单位：元

项目	月初在产品成本				本月生产费用			
	直接材料	直接人工	制造费用	合计	直接材料	直接人工	制造费用	合计
第一步骤	100 000	16 500	12 500	129 000	400 000	64 350	48 750	513 100
第二步骤		5 280	3 840	9 120		74 800	54 400	129 200

要求：采用平行结转分步法计算乙产成品的成本。

参 考 文 献

李洛嘉．2009．成本会计（第五版）．北京：中国财政经济出版社．

企业会计准则编审委员会．2012．小企业会计准则讲解．北京：立信会计出版社．

天津第一商业学校编写组．2013．企业会计岗位核算（下篇）．北京：海洋出版社．